Que corpo é esse?

O corpo no imaginário feminino

Que corpo é esse?

O corpo no imaginário feminino

Elódia Xavier

oficina
raquel

© Elódia Xavier, 2021
© Oficina Raquel, 2021

Editores
Raquel Menezes
Jorge Marques

Assistente editorial
Yasmim Cardoso

Revisão
Mario Felix

Coordenação editorial
Jorge Marques

Capa projeto gráfico e diagramação
Paulo Vermelho

Dados internacionais de catalogação na publicação (CIP)

X3q	Xavier, Elódia, 1934- Que corpo é esse? : o corpo no imaginário feminino / Elódia Xavier. – Rio de Janeiro : Oficina Raquel, 2021. 256 p. ; 18 cm. ISBN 978-65-86280-59-3 1. Mulheres e literatura 2. Corpo humano na literatura 3. Escritoras I. Título. CDD 809.89287 CDU 82-055.2

Bibliotecária: Ana Paula Oliveira Jacques / CRB-7 6963

R. Santa Sofía, 274
Sala 22 - Tijuca, Rio de Janeiro - RJ, 20540-090
www.oficinaraquel.com
oficina@oficinaraquel.com
facebook.com/Editora-Oficina-Raquel

Sumário

NOTA PRÉVIA 7

NARRATIVAS DE DEZ FACES 11

CONSIDERAÇÕES INICIAIS 15

O CORPO INVISÍVEL 27

O CORPO SUBALTERNO 37

O CORPO DISCIPLINADO 59

O CORPO IMOBILIZADO 81

O CORPO ENVELHECIDO 91

O CORPO REFLETIDO 111

O CORPO VIOLENTO 129

O CORPO DEGRADADO 143

O CORPO EROTIZADO 169

O CORPO LIBERADO 185

O CORPO CALUNIADO 215

CONSIDERAÇÕES FINAIS 223

UM OLHAR HISTÓRICO PARA O CORPO 237

REFERÊNCIAS 247

NOTA PRÉVIA

Q*ue corpo é esse? – o corpo no imaginário feminino*, referência incontornável nos estudos de crítica literária sobre autoria feminina no Brasil, já havia algum tempo estava fora de circulação. O leitor e a leitora que, nos dias de hoje, travarem contato pela primeira vez com as reflexões de Elódia Xavier, poderão comprovar quão potente e pujante elas continuam sendo. Para a editora Oficina Raquel, é motivo de orgulho não apenas disponibilizar novamente este volume ao mercado, mas trazer a obra ampliada, na medida em que a autora inseriu duas análises recentes no bojo de seus estudos, tendo, ainda, estruturado uma nova tipologia corporal.

Da mesma forma, é também inédita a análise do professor Carlos Magno Santos Gomes que encerra este livro.

Esta nova edição do livro de Elódia Xavier traz, portanto, o frescor das novidades, aliado, sobretudo, à celebração de um vigor crítico demonstrado em toda plenitude de sua maturidade.

Os editores

Ser mulher, vir à luz trazendo a alma talhada
para os gozos da vida; a liberdade e o amor;
tentar da glória a etérea e altívola escalada,
na eterna aspiração de um sonho superior...

Ser mulher, desejar outra alma pura e alada
para poder, com ela, o infinito transpor;
sentir a vida triste, insípida, isolada,
buscar um companheiro e encontrar um senhor...

Ser mulher, calcular todo o infinito curto
para a larga expansão do desejado surto,
no ascenso espiritual aos perfeitos ideais...

Ser mulher, e, oh! atroz, tantálica tristeza!
ficar na vida qual uma águia inerte, presa
nos pesados grilhões dos preceitos sociais!

Gilka Machado

NARRATIVAS DE DEZ FACES
Prefácio à 1ª edição

Antonio Carlos Secchin

Que *corpo é esse? – o corpo no imaginário feminino* representa mais uma etapa nas consistentes investigações que Elódia Xavier vem desenvolvendo em torno das narrativas de autoria feminina. Se em sua tese de doutorado (*O conto brasileiro e sua trajetória*, 1987) a questão comparecia lateralmente, mediante o estudo da ficção de Clarice Lispector, o percurso acadêmico e ensaístico de Elódia, a partir desse ensaio, seria centrado na questão da autoria feminina no âmbito de nossa literatura, como o atestam vários cursos de Pós-Graduação em Letras da UFRJ, a orientação de dissertações e de teses, a apresentação de inúmeros estudos em congressos nacionais e estrangeiros e, sobretudo, a publicação de *Tudo no feminino – a mulher e a narrativa brasileira contemporânea* (1991), coletânea por ela organizada, e de *Declínio do patriarcado – a família no imaginário feminino* (1998), sem nos esquecermos do preparo de duas bem-cuidadas edições de Júlia Lopes de Almeida: *A intrusa* (1994) e *A falência* (2003).

Agora, vinte e três narrativas são examinadas a partir do modo como nelas se opera o conceito de corporalidade, num viés feminino. Diante de nós, desfilam, sucessivamente, os corpos *invisíveis*, em Júlia Lopes de Almeida e Marilene Felinto; os *subalternos*, em Carolina Maria de Jesus e Wanda Fabia; os *disciplinados*, em Clarice Lispector, Nélida Piñon e Lygia Fagundes Telles; os *imobilizados*, em Helena Parente Cunha e Marina Colassanti; os *envelhecidos*, em Lygia Fagundes Telles e Clarice Lispector; os *violentos*, em Marilene Felinto e Rachel de Queiroz; os *degradados*, em Márcia Denser e Lygia Fagundes Telles; os *erotizados*, em Heloísa Seixas, Marina Colassanti e Lygia Fagundes Telles; os *liberados*, em Lya Luft, Martha Medeiros e Rachel Jardim.

É claro que tal classificação não aspira à exaustividade, e não é menos certo que a inserção de um texto numa ou noutra rubrica poderia ser objeto de discussão. Reconheça-se, porém, a eficácia da categorização temática e, mais do que isso, a pertinência com que Elódia desenvolve sua argumentação. No capítulo introdutório, a autora apresenta, de modo sintético, considerações de natureza teórica acerca do tema da corporalidade, com particular ênfase nas contribuições de Elizabeth Grosz e Arthur Frank. A seguir, na análise da matéria literária propriamente dita, ainda que o aparato teórico, em especial o derivado de Frank, esteja presente, o que predomina é a capacidade analítica de Elódia no (releve-se o involuntário trocadilho) corpo a corpo com os textos apresentados.

Mais do que tudo, importa ressaltar que, mesmo privilegiando a ótica feminista, a autora não confunde o posicionamento ideológico com a fatura estética da obra: já no capítulo dedicado ao livro de Carolina Maria de Jesus, enfatiza-lhe a precária construção linguística, a despeito do valor de denúncia que o relato contém.

Num arco bastante extenso – que vai do pré-modernismo de Júlia Lopes ao pós-moderno de

Fernanda Young –, não caberia apontar destaques, de tal modo Elódia conseguiu desenvolver homogeneamente, com equilíbrio e sagacidade, o filão investigativo a que se propôs. Igualmente feliz foi a escolha das duplas ou trio de autoras para cada uma das representações do corpo, pelas aproximações e pelos contrastes estabelecidos, e, por isso mesmo, pela possibilidade de demonstrar os traços específicos das escritoras, para além da convergência temática.

Retornando ao patamar de reflexões mais genéricas, que foram a tônica do primeiro capítulo, Elódia Xavier, nas considerações finais, justifica a reformulação da tipologia de Arthur Frank, que propusera quatro tipos de caracterização corpórea, e defende o alcance de sua própria tipologia, em diálogo com a anterior, capaz, porém, de ampliá-la como subsídio para a análise literária. A autora também traz à baila percucientes contribuições de seus alunos na pós-graduação. Pelo valor das obras analisadas e pela qualidade do discurso analítico, lê-se com prazer e proveito *Que corpo é esse?* – livro que ilumina novos ângulos para a discussão acerca das narrativas de autoria feminina, aqui flagradas em dez de suas infinitas faces.

CONSIDERAÇÕES INICIAIS

As conceituações do corpo através da história da Humanidade nos revelam características importantes do pensamento filosófico, que sempre privilegiou a mente em detrimento do corpo. Para Platão, o corpo é uma traição da alma, da razão e da mente, que são aprisionadas pela materialidade corporal. Aristóteles distingue, também, a matéria da forma, distinção que será depois reconfigurada pela tradição cristã, onde a separação mente/ corpo foi correlacionada à distinção entre o que é imortal e o que é mortal. Durante a vida, mente e corpo formam uma unidade indissolúvel que, com a morte, é rompida, tendo a alma sua imortalidade garantida enquanto o corpo vira pó. Para o Cristianismo, fica bem clara a distinção entre uma alma, dada por Deus, e uma matéria pecaminosa e lasciva. O famoso dualismo de Descartes, por sua vez, institui dois tipos de substâncias: *res cogitans*, mente, e *res extensa*, corpo. Trata-se de duas substâncias distintas, mutuamente exclusivas; cada qual habita seu próprio domínio e ambas apresentam características incompatíveis entre si, sendo o corpo parte da natureza, uma espécie de máquina governada por leis físicas.

Elizabeth Grosz, em seu estudo "Corpos reconfigurados", mostra como o Cartesianismo marcou profundamente o pensamento ocidental, influindo em várias concepções contemporâneas sobre o corpo. Como objeto para as ciências naturais, como um instrumento à disposição da consciência ou como um veículo de expressão, temos sempre a desvalorização social do corpo, grande aliada da opressão sobre as mulheres. Portanto, o dualismo cartesiano se opõe à teoria feminista, uma vez que oposições binárias hierarquizam e classificam os termos polarizados, privilegiando um em detrimento do outro. Grosz aponta o perigo desse dualismo, quando diz: "Assim, o corpo é o que não é a mente, aquilo que é distinto do termo privilegiado e é outro. É o que a mente deve expulsar para manter sua 'integridade'." (p. 48). O que as feministas, em geral, condenam é a associação da oposição macho/ fêmea com a oposição mente/ corpo, postura histórica da filosofia, que trabalha com ideias e conceitos – leia-se mente –, termos que excluem as considerações sobre o corpo.

Para Grosz, o dualismo cartesiano gera problemas filosóficos insolúveis, que o pensamento de Espinosa, desenvolvido entre outros por Foucault e Deleuze, tenta resolver. Desconstruindo o dualismo mente/ corpo, e outras oposições binárias como natureza/ cultura, essência/ construção social, Espinosa concebe o corpo como tecido histórico e cultural da Biologia. Para ele, as duas substâncias cartesianas, irredutivelmente distintas, são aspectos diferentes da mesma sustância e inseparáveis uma da outra. Assim, a mente é vista como a ideia do corpo, na medida em que o corpo é uma extensão da mente.

Elizabeth Grosz explora, em seu estudo citado, o caminho iniciado por Espinosa, mais útil aos objetivos feministas, uma vez que o pensamento misógino tem a ver com a dualidade mente/ corpo, responsável pela discriminação das mulheres:

> O pensamento misógino frequentemente encontrou uma autojustificativa conveniente para a posição social secundária das mulheres ao contê-las no interior de corpos que são representados, até construídos, como frágeis, imperfeitos, desregrados, não confiáveis, sujeitos a várias intrusões que estão fora do controle consciente. A sexualidade feminina e os poderes de reprodução das mulheres são as características (culturais) definidoras das mulheres e, ao mesmo tempo, essas mesmas funções tornam a mulher vulnerável, necessitando de proteção ou de tratamento especial, conforme foi variadamente prescrito pelo patriarcado. (p. 67).

Além da oposição macho/ fêmea corresponder ao dualismo mente/ corpo, a corporalidade feminina, sempre considerada mais frágil e vulnerável, é usada para justificar as desigualdades sociais; a vinculação da feminilidade ao corpo e da masculinidade à mente restringe o campo de ação das mulheres, que acabam confinadas às exigências biológicas da reprodução, deixando aos homens o campo do conhecimento e do saber.

A teoria feminista tem, portanto, grande interesse em trabalhar a questão do corpo, colocando-o, muitas vezes, no centro da ação política e da produção teórica. São várias as posições feministas, que resultam, muitas vezes, em visões diferentes e até mesmo opostas. Começando por Simone de Beauvoir, incluída no "feminismo igualitário", percebe-se que o corpo das mulheres é importante, mas não é fundamental. Diz a autora, em *O segundo sexo*:

> A sujeição da mulher à espécie, os limites de suas capacidades individuais são fatos de extrema importância; o corpo da mulher é um dos elementos essenciais da situação que ela ocupa neste mundo. Mas não é ele tampouco que basta para a definir. Ele só tem realidade vivida enquanto assumido pela consciência através das ações e no seio de uma sociedade; a biologia não basta para fornecer uma resposta à pergunta que nos preocupa: por que a mulher é o *Outro*? Trata-se de saber como a natureza foi nela revista através da História; trata-se de saber o que a humanidade fez da fêmea humana. (v. 1, p. 57).

Levando-se em conta a época em que a autora viveu, faz sentido o conceito do corpo feminino como um obstáculo a ser superado para se chegar à igualdade. Conciliar o papel da mãe e o de cidadã engajada, isto é, sair da imanência para a transcendência, era um conflito vivido pelas mulheres de meados do século XX.

Outras teóricas feministas, como Julia Kristeva e Nancy Chodorow, envolvidas com a noção de construção social da subjetividade, se afastam da posição da autora de *O segundo sexo*, vendo o corpo de forma positiva, marcando socialmente o masculino e o feminino como distintos. Elas buscam a transformação de atitudes, crenças e valores, uma vez que o corpo é uma construção social, uma representação ideológica. Diferentemente das igualitaristas e construcionistas, teóricas como Luce Irigaray, Hélène Cixous, Gayatri Spivak e Judith Butler, entre outras, concebem o corpo como um objeto cultural. Segundo Grosz: "Elas estão preocupadas com o corpo *vivido*, o corpo representado e utilizado de formas específicas, em culturas específicas." (p. 75). Para elas, o corpo deve ser visto como um lugar de contestação, de lutas econômicas, políticas, sexuais e intelectuais.

Parece-nos importante, a esta altura, considerar os corpos mais em sua concretude histórica do que na sua concretude simplesmente biológica, evitando, a todo custo, o essencialismo ou categorias universais. Existem apenas tipos específicos de corpos, marcados pelo sexo, pela raça, pela classe social e, portanto, com fisionomias particulares. Essa multiplicidade deve solapar a dominação de modelos, levando em conta outros tipos de corpos e subjetividade. Fazendo nossas as palavras de Elizabeth Grosz, verificamos que:

> se a mente está necessariamente vinculada ao corpo, talvez até sendo parte dele, e se os corpos eles próprios são sempre sexualmente (e racialmente) distintos, incapazes de serem incorporados num modelo universal singular, então as próprias formas assumidas pela subjetividade não são generalizáveis. Os corpos são sempre irredutivelmente sexualmente específicos, necessariamente entrelaçados a particularidades raciais, culturais e de classe. (p. 79).

Dessa forma, fica sugerida a interação do natural com o cultural, colocando em questão a oposição binária desses termos. Esse entrelaçamento, porém, necessita de mais pesquisa, uma vez que o cultural deve ser visto em suas limitações e ao natural não deve ser atribuído um molde invariável. Grosz sugere, como abordagem teórica feminista dos conceitos sobre o corpo, a recusa do dualismo mente/ corpo, apontando para o entendimento de uma *subjetividade corporificada*, de uma *corporalidade psíquica*. E completa, dizendo: "O corpo deve ser visto como um lugar de inscrições, produções ou constituições sociais, políticas, culturais e geográficas." (p. 84).

Dada a importância que o corpo tem hoje na teoria feminista, parece-nos relevante um estudo da narrativa de autoria feminina pelo viés da questão corporal, uma vez que o corpo aí representado é local de inscrições "sociais, políticas, culturais e geográficas". Assim, nosso estudo busca levar em conta a representação psíquica do corpo das personagens. E, mais uma vez, citando Grosz: "Tanto a dimensão psíquica quanto a social devem encontrar lugar numa reconceitualização do corpo, não uma em oposição à outra, mas como necessariamente interativas". (p. 85).

Arthur W. Frank, em seu ensaio "For a Sociology of the Body: an Analytical Review", constrói uma tipologia dos corpos (*Typologies of the body*), numa relação estreita entre corpo e sociedade. Embora seu trabalho pertença à área da Sociologia, ele nos fornece dados para o estabelecimento de uma tipologia da representação dos corpos nos textos literários. O trecho abaixo mostra a importância do corpo na organização social e, por consequência, nos processos de dominação da mulher:

> A sociologia do corpo considera a corporalidade não somente um resíduo da organização social, mas também vê a organização social como a reprodução da corporalidade. A corporalidade nada mais é do que uma constante neutra na vida social, representando tanto os princípios políticos de classe (p. ex., em Bourdieu) quanto a dominação de gêneros. Nas questões da dominação e da apropriação reside muito da história da sociedade. O feminismo nos ensinou que a história começa e termina com os corpos. (trad. livre).[1]

Pierre Bourdieu, que pode ser considerado um dos grandes estudiosos do corpo, insere-se numa tradição teórica mais antropológica do que sociológica. Com seu clássico livro *A dominação masculina*,

---

[1] The sociology of the body understands embodiment not as residual to social organization, but ruther understands social organizations as being about the reproduction of embodiment. Embodiment is anything but a neutral constant in social life, representing instead the political principles of class (i. e., in Bourdieu) and gender domination. On the questions of domination and appropriation hang much of the story of society. Feminism has taught us that story both begins and ends with bodies. (p. 42)

ele contribui para a teoria da construção social dos corpos, mostrando, entre outras coisas, que o poder androcêntrico imprime nos corpos traços indeléveis.

Segundo Arthur Frank, o corpo não tem interior (*inside*) e exterior (*outside*). Essas faces interagem numa relação mútua e complexa, o que lembra a "subjetividade corporificada" ou "corporalidade psíquica", termos criados por Grosz. Outra ideia importante diz respeito à reconstituição constante do corpo, que está sempre em processo. "The body is process" (p. 47), diz o autor. Para a sociologia do corpo, o importante é teorizar sobre as instituições a partir do estudo do corpo, o que nos leva a pensar que a análise da representação dos corpos pode ser um excelente meio de conhecer as práticas sociais vigentes, uma vez que as ações corporais são orientadas pelos e para os contextos institucionais. O corpo deve ser visto em ação (*acting*), isto é, numa relação dinâmica ou estática com alguma coisa, pois só assim manifesta suas especificidades.

É a partir dessas especificidades que criamos uma tipologia da representação dos corpos nos textos de autoria feminina, agrupando as personagens em torno dos vários tipos encontrados em narrativas do início do século XX até hoje. Assim, levantamos onze categorias que congregam duas ou mais obras significativas desta representação. São elas: **corpo invisível, corpo subalterno, corpo disciplinado, corpo envelhecido, corpo imobilizado, corpo refletido, corpo violento, corpo degradado, corpo erotizado, corpo liberado** e **corpo caluniado**.

O CORPO INVISÍVEL

> Após os movimentos sociais da década de 60, por exemplo, o corpo foi redescoberto na arte e na política, na ciência e na mídia, provocando um verdadeiro "corporeirismo" nas sociedades ocidentais.
>
> *Denise Sant'Anna*

A *intrusa*, de Júlia Lopes de Almeida, publicado inicialmente em capítulos no *Jornal do Commercio* (1905), e em livro três anos depois, é, ao lado de outros textos como *A falência* (1901) e *Correio da roça* (1913), um exemplo de plena realização literária. A realidade social aí representada é formada por várias classes, incluindo desde a nobreza decadente até o escravo recém-libertado, passando pelo poder econômico, pelo clero e pela classe política. A mulher, na figura de Alice, é o objeto em questão.

O narrador, inicialmente, nos apresenta uma reunião em casa de Argemiro – representante do poder econômico, como o próprio nome sugere –, onde estão presentes o padre Assunção, o deputado Armindo Teles e Adolfo Caldas, diletante sem profissão definida. A conversa gira em torno da contratação de uma governanta, pois Argemiro, viúvo, quer ter o prazer da companhia de sua filha Maria, até então vivendo com os avós maternos, numa chácara distante. Tal solução de Argemiro suscita opiniões contrárias, porque "feia ou bonita a mulher é sempre perigosa". (p. 10).

O dono da casa, vítima dos desmandos e desmazelos do ex-escravo Feliciano, cria da Baronesa, sua sogra, mantém-se firme no propósito de entregar sua casa e sua filha aos cuidados de uma governanta. Alice é a candidata que se apresenta, aceitando as regras do jogo – cuidar de tudo e manter-se invisível. Para tentar calar as más línguas, Argemiro impõe a condição de jamais se encontrar com a governanta, impedindo dessa forma qualquer outro tipo de envolvimento. Viúvo, pretende manter-se fiel à memória da falecida, a quem prometeu no leito de morte jamais se casar novamente. Embora as regras sejam rigorosamente observadas, as más línguas não se calam e, envolvido pela eficiência dos serviços prestados por Alice, ele acaba pedindo-a em casamento.

O padre Assunção, representante da Igreja, apesar de aliado da nobreza, é quem defende Alice dos ataques inimigos, revelando suas virtudes, sobretudo cristãs. É uma personagem ambígua, que enriquece a narrativa com várias possibilidades. Mas a grande incógnita é a própria Alice, narrada por todos e sem voz própria. Ela se apresenta toda coberta, no ato do contrato de serviço, a ponto de Argemiro não saber como ela é; só fica clara sua condição humilde e carente por meio de sua postura e dos sapatos cambados. Poucas são as palavras trocadas entre os dois, que só dialogam ao final, quando Alice, expulsa pela Baronesa, vai prestar contas. O que se sabe dela é dito pelas demais personagens, por meio de juízos desencontrados, o que lhe confere uma certa ambiguidade. Julgada perigosa por quase todos – a nobreza a considera intrusa e o ex-escravo, indesejável – ela passa de governanta a dona da casa, ganhando um marido pelos serviços prestados...

Como Argemiro não a vê nunca e nem a conhece, sua corporalidade é, desde o início, invisível, como mostra o narrador: "O advogado levantou os olhos e viu entrar na sala uma figura meio encolhida, que lhe pareceu ter um ombro mais alto que o outro e cujas feições não viu, porque vinham cobertas com um véu bordado e ficavam contra a claridade". (p. 13). Com sua eficiência de mulher ordeira e prendada, Alice transforma a casa de Argemiro, até então mal tratada, num lar aconchegante e aprazível. Diz ele: "Há outra atmosfera nesta casa; estou melhor aqui do que em parte nenhuma, porque em tudo me parece haver o propósito de me ser agradável" (p. 62). Mas se não vê o corpo, sente a alma, como ele mesmo confessa adiante: "E o que me delicia é sentir a alma desta criatura, que aqui tenho debaixo do meu texto, sem que nunca os meus olhos a vejam nem de relance" (p. 62). Para Argemiro, Alice é "um ser imaterial" que o rodeia de amáveis solicitudes. Essa imaterialidade se manifesta "no aroma fresco de pomar florido" que vai ao encontro do patrão ao chegar em casa e que o deixa plenamente satisfeito, conforme declara ao padre Assunção:

Não a vejo, não lhe toco, a sua imagem material é-me tão indiferente como um pedaço de pau ou uma pedra. Para mim, basta-me a sua representação, neste aroma, peculiar dela e que erra sutilmente por toda a minha casa; nesta ordem, que me facilita a vida, e no gosto com que ela embeleza tudo em que toca e em que pousa a vista. (p. 142)

Júlia Lopes de Almeida, dentro dos princípios cristãos, preserva a dicotomia corpo/ alma, privilegiando a alma em detrimento do corpo. A invisibilidade do corpo da protagonista não a impede de conquistar Argemiro, que se compraz com o aroma, a música e a beleza de sua casa. Elementos imateriais que priorizam a alma da personagem, sua dádiva pessoal, conservando seu corpo invisível, isto é, anulando-a como presença física.

Há um conto de Marilene Felinto, no livro *Postcard* (1991), em que a questão da visibilidade pode ser considerada elemento estruturador da trama narrativa. O texto, intitulado "Muslim: Woman", narra o encontro casual de duas mulheres de culturas bem diferentes – uma ocidental e outra oriental – num aeroporto africano. A personagem narradora introduz o leitor abruptamente nas suas reflexões, colocando-a a par de sua crise interior. Viajando com o marido, Eduardo, ela descobre o que já supunha, que é um ser invisível, sem identidade. O marido não a vê como ela quer ser vista, não reconhece sua existência. A recorrência do verbo "ver", logo no início do conto, aponta a questão da visibilidade da mulher enquanto sujeito, que só agora começa a ser construída.

> Estava fazendo tudo tão ao contrário do que eu esperava que ela fizesse que aquilo ia aos poucos anulando minha existência, numa prova cabal de que ele não me *via*; e de que, se eu quisesse ser *vista*, precisava me mostrar. Mas como isso eu não faria por ninguém no mundo, nem faria por mim, quem quisesse que me *visse*, se quisesse me *ver*. (p. 13, grifos nossos).

As recordações da infância revelam uma criança tímida, sempre buscando se esconder, se proteger. "Desde menina em me criei abrigos, inventei guaritas e trincheiras..." (p. 14). Daí sua insegurança em se ver exposta, carregando pelos salões brilhantes do aeroporto uma mala de rodinhas barulhentas. Estamos diante de uma aparente contradição: a busca de esconderijos *versus* a necessidade de ser vista, reconhecida; esta tensão estrutura toda a narrativa. A mulher "livre e liberada" sente-se insegura ao se expor – "a lâmina do chão exibiu minhas pernas morenas, quiçá minha roupa íntima e branca, sob minha saia curta demais talvez para aquele aeroporto estrangeiro." (p. 14). Por isso ela vai, secretamente, invejar a segurança proporcionada pelos trajes da muçulmana, coberta da cabeça aos pés. O confronto entre as duas mulheres põe em evidência as enormes diferenças culturais: "a mulher muçulmana toda coberta de preto, de cima a baixo, a mulher que de visível só tinha os olhos, ainda que por trás de uma leve gaza de véu preto." (p. 16). Se o marido é o elemento detonador da crise existencial da protagonista, o encontro com a muçulmana dá uma outra dimensão ao conflito. Essa mulher segura e tranquila, de identidade bem definida, cujo nome aparece até mesmo na própria mala (ela se chama Adama Acsa Shariff) e que a protagonista imagina "com a meia dúzia de filhos que ela devia ter em algum lugar do mundo, ao norte de não sei que montanhas povoadas de mesquitas sob um sol escaldante" (p. 18), tem uma importância fundamental no desfecho narrativo. A narradora, sentindo-se observada pela muçulmana, acolhe carinhosamente o marido, ela que pensara em separar-se dele:

> Esqueci-me de Adama por um instante e pulei no pescoço dele, beijando-o duas vezes no rosto. Ou talvez eu nem tenha me esquecido de Adama, e tenha na verdade desejado mostrar a ela que naquele momento eu aceitava, quase resignada, não saber por que eu tinha me casado com ele, que nem sempre me via. (p. 18).

É interessante observar que a narradora supera a crise "naquele momento" e "quase resignada", o que revela, sem dúvida, a influência da resignação muçulmana à vontade de Deus, que se encontra no termo *islamismo* e que o "lindo sorriso" da mulher oriental transmite como forma de aprovação.

O **corpo invisível** da muçulmana representa a cultura repressora, que a mulher ocidental em crise interpreta como proteção e segurança; enquanto a invisibilidade da protagonista significa sua inexistência como sujeito. Ser vista, para ela, é uma forma de autoafirmação, o que seu *status* de mulher "livre e liberada" não lhe garante. Portanto, neste conto, o **corpo invisível** assume duas conotações diferentes, que acabam convergindo para um só significado: a inexistência da mulher como sujeito do próprio destino.

Em *A intrusa*, o **corpo invisível** se opõe à alma, mantendo a dualidade cristã, em detrimento da corporalidade. Com Marilene Felinto, já se pode falar em "subjetividade corporalizada"; a protagonista quer ser vista como sujeito de seu destino, o que, sem dúvida, não acontece com a mulher muçulmana, marcada pela resignação.

O CORPO SUBALTERNO

Cresce comigo o boi com que me vão trocar.
Amarraram-me às costas a tábua Eylekessa.

Ana Paula Ribeiro Tavares

A leitura de *Quarto de despejo* (1960), de Carolina Maria de Jesus, levou-nos à criação do **corpo subalterno**, dada a enorme carência e inferioridade da situação da protagonista.

Quarto de despejo, traduzido para várias línguas, foi um livro muito vendido na França, nos Estados Unidos e na Alemanha. Sua autora, semiletrada, pois esteve apenas dois anos na escola, faz o registro de sua vida miserável e, por extensão, de todos os que vegetam naquela situação subalterna e subumana. Entre nós, o sucesso da autora foi efêmero, não obstante as inúmeras reedições de *Quarto de despejo*; o fato é que os livros posteriores, *Casa de alvenaria* (1961), *Provérbios* (1963), *Pedaços da fome* (1963) e a publicação póstuma de *Diário de Bitita* (1986) não tiveram a acolhida desejada por Carolina. Sua poesia sofre do mesmo mal – falta de público por ausência de editores. Só em 1996 a editora da UFRJ publica *Antologia pessoal*, organizada por José Carlos Sebe Bom Meihy, com prefácio de Marisa Lajolo. Aí se percebem as dificuldades encontradas pela poetisa favelada no diálogo com as imposições de um mercado editorial gendrado, racista e hegemônico.

> Eu disse: o meu sonho é escrever!
> Responde o branco: ela é louca.
> O que as negras devem fazer...
> É ir pro tanque lavar roupa

Não foram só as incorreções gramaticais de uma escritora semiletrada que dificultaram a circulação da sua obra, mas também a falta de familiaridade com o intrincado mundo editorial. O caso da obra de Carolina

Maria de Jesus nos leva a refletir sobre o papel dos mediadores culturais nos processos de construção de valores e de avaliação crítica. Hoje, quando se observa a oscilação entre formas absolutas de valor e um relativismo crescente, torna-se relevante discutir a atuação desses mediadores na atribuição de valores literários, sobretudo em se tratando da relação assimétrica das margens com centros de produção artística. Rita Terezinha Schimidt, sempre atenta ao conteúdo ideológico da produção/ interpretação dos discursos literários, afirma:

> Na realidade, os esquemas representacionais do Ocidente, disseminados nas práticas culturais e discursivas, foram concebidos e construídos a partir da centralidade e da visão soberana de um único sujeito, flexionado pela cor, branco, e pelo gênero, masculino, o sujeito da representação por excelência. Os significados gerados a partir desses esquemas que interpretam e fixam entidades/ identidades, sistema esse que Derrida definiu como falogocentrismo, sempre estiveram a serviço do poder institucionalizado da patriarquia, tanto no campo do conhecimento quanto no campo da sociedade e da política. (1995, p. 35).

Quarto de despejo, com sua estrutura de diário, pode ser lido como o testemunho de uma mulher subalterna. A literatura latino-americana é rica de exemplos de textos testemunhais, muitos deles de autoria feminina. Luiza Campuzano aponta uma diferença básica entre esses "testimonios de mujeres subalternas": numa primeira divisão, ela admite os testemunhos imediatos ("inmediatos"), os escritos pelos/as próprios/as testemunhantes, e os mediatos ("mediatos"), com a interferência de um/a segundo/a narrador/a. Aqui, pressupõe-se que o/a silenciado/a é iletrado/a e, portanto, necessita de um/a mediador/a para organizar o relato, transformando o texto oral em escrito. Gayatri Spivak considera essas colaborações literárias uma forma de colonialismo ou neocolonialismo, uma vez que as intelectuais euroamericanas teriam a mesma atitude do antropólogo tradicional diante do informante nativo. Lívia Freitas também levanta a questão da interferência de um/a autor/a de outra cultura numa narração oral, o que suscitaria problemas de diversas naturezas, que vão do ético e do estético à relação entre o ficcional e o factual. O caso de *Quarto de despejo* é bem mais simples, uma vez que é a própria Carolina o sujeito da enunciação, em primeira e única instância, embora se aponte como decisiva a interferência do repórter Audálio Dantas para a publicação dos cadernos de Carolina.

Uma aproximação entre Rigoberta Menchú (1959), indoamericana guatemalteca, e Carolina Maria de Jesus pode nos ajudar a melhor compreender *Quarto de despejo*. Aquela mulher subalterna recebe, em 1983, o prêmio Casa de las Americas de Testemunho por sua narrativa *Me llamo Rigoberta Menchú*, considerado um dos modelos canônicos do gênero, e, em 1992, é premiada com o Nobel da Paz, transformando-se numa líder do movimento dos povos indígenas e do complexo processo de democratização de seu país. O livro premiado foi editado por Elizabeth Burgos Debray, que registrou em espanhol as informações prestadas por Rigoberta, constituindo-se, portanto, num exemplo de testemunho "imediato". Vale a pena citar as palavras de Luiza Campuzano, então diretora da Casa de las Americas:

> Rigoberta pasó ocho días seguidos grabando y trabajando con su editora un libro que llegaría

a tener cerca de 400 páginas, em las que da abudantísima información sobre si misma, su familia, su comunidade y sus tradiciones, los objetivos y la historia concreta de su lucha armada, así como sus proyectos políticos, com la finalidad explícita de recibir apoyo y solidaridad internacionales sobre la base de um conocimiento profundo de todo lo que ha conducido a la situación de guerra permanente que vive el pueblo guatemalteco y ,en especial, al extermínio masivo de los indígenas, victimas de uno de los maiores etnocidios de este siglo tan ducho em la materia. (p. 36).

Rigoberta, excluída porque mulher, porque indígena e porque contrária ao regime de força dominante, considera sua situação pessoal emblemática da realidade social onde vive: "Mi situación personal engloba toda la realidade de un pueblo". Dotada de grande consciência política, acredita no poder da palavra como instrumento de luta, fazendo de sua narrativa uma gritante denúncia. Ao decidir não se casar e não ter filhos, dedica sua vida à causa libertadora de "su pueblo".

Quarto de despejo é, talvez, menos ambicioso, e sua autora, carente daquela tradição cultural que enriquece o relato de Rigoberta. Mas a exclusão social da autora e o intuito de denúncia estabelecem uma ponte com o gênero "testemunho de mulheres subalternas", a que pertencem vários livros da literatura latino-americana.

Os registros da narrativa de Carolina começam em 15 de julho de 1955 e se estendem até primeiro de janeiro de 1960, mas não são diários e há mesmo alguns lapsos maiores, em virtude de doenças e outros problemas. Há registros complexos das atividades diárias – desde a hora em que começa sua luta pela sobrevivência até a hora de dormir – e também simples anotações, como é o caso do dia 26 de agosto de 1959: "A pior coisa do mundo é a fome." (p. 181). A leitura do diário revela a rotina dessa catadora de papel, mãe zelosa de dois meninos e uma menina, que insiste em ficar sozinha, pois os homens, até então, só lhe trouxeram problemas. "Meu ideal é comprar uma casa decente para os meus filhos. Eu, nunca tive sorte com homens. Por isso não amei ninguém. Os homens que passaram na minha vida só arranjaram complicações para mim. Filhos para eu criá-los." (p. 180).

São três as ações que ela realiza diariamente: buscar água de madrugada, catar papel para conseguir algum dinheiro que lhe possibilite matar a fome e, quando possível, escrever. O que choca o leitor é o inusitado da situação: vivendo na mais absoluta miséria, tendo muitas vezes de procurar alimento no lixo, Carolina sonha com a ascensão social e escreve com o propósito de vender seu livro para melhorar de vida; o que, de certo modo, consegue, pois compra um sítio com o dinheiro da venda dos livros, e lá retoma a vida de lavradora, interrompida com a permanência na favela.

A descrição que Audálio Dantas faz do barracão onde Carolina mora com os filhos dá bem a medida da situação social dessa mulher:

> O barracão é assim: feito de tábuas, coberto de lata, papelão e tábuas também. Tem dois cômodos, não muito cômodos. Um é sala-quarto-cozinha, nove metros quadrados, se muito for, e um quarto quartinho, bem menor, com lugar para uma cama justinha lá dentro. (p. 5).

A fome, que caracteriza uma situação subumana, drama dominante na narrativa, contrasta com a vocação "literária" dessa mulher, sempre às voltas com o ofício de escrever. Daí a importância que os alimentos assumem na narrativa. São pouquíssimos os registros em que a autora não se refere ao ato de comer:

> Quando vejo meus filhos comendo arroz e feijão, o alimento que não está ao alcance do favelado, fico sorrindo a tôa. Como se eu estivesse assistindo um espetáculo deslumbrante. Lavei as roupas e o barracão. Agora vou ler e escrever. Vejo os jovens jogando bola. E êles correm pelo campo demonstrando energia. Penso: se êles tomassem leite puro e comessem carne... (p. 50).

Se a fome é o elemento fundante do drama vivido pela favelada – "Também, com a fome que eu passo quem é que pode viver contente?" (p. 121) –, a favela é o cenário que contribui para a marginalização. A favela do Canindé, hoje extinta, espraiando-se pelas margens do rio Tietê, era uma espécie de chaga social, feita de miséria, lama e lixo. Carolina, em alguns registros, se refere às casas de alvenaria, representação de uma outra classe social: "Os vizinhos de alvenaria olha os favelados com repugnancia. Percebo seus olhares de odio porque êles não quer a favela aqui." (p. 56). Carolina não se identifica com a favela e confessa, seguidamente, sua aversão ao "quarto de despejo" para onde a sociedade empurra os miseráveis: "Favela, sucursal do inferno, ou o próprio inferno." (p. 158). Diferentemente de Rigoberta Menchú, Carolina não se sente integrada à favela; enquanto a subalterna guatemalteca se identifica com "su pueblo", que ela defende da exploração do branco, nossa autora só pensa em ascender socialmente, para propiciar a si e a seus filhos uma vida melhor. A grande diferença é que a favela é um conglomerado de pessoas de várias origens, que só têm em comum a vida miserável. As frequentes brigas relatadas pela autora dão bem a medida do clima de desavença reinante. Como ela se considera culturalmente superior, porque lê e escreve, não faz amizades e não se integra, ficando, por isso, duplamente excluída: da classe dominante e da classe dominada. Os vizinhos, com raríssimas exceções, são péssimos, briguentos, alcoólatras: "E eu estou revoltada com o que as crianças presenciam. Ouvem palavras de baixo calão. Oh! Se eu pudesse mudar daqui para um núcleo decente." (p. 15). Carolina, então, faz uma declaração que possivelmente surpreende o leitor: "A unica coisa que não existe na favela é a solidariedade." (p. 17). Mas a extinta favela do Canindé estava longe de ser uma comunidade pobre. Entre pobreza e miséria há uma diferença substancial, que os sociólogos já determinaram, apesar da imprecisão a que esses vocábulos estão sujeitos, como mostra Ricardo Mendonça:

> Para efeito estatístico, no entanto, os estudiosos chegaram a uma definição quase matemática sobre o que são miséria e pobreza. Conseguiram estabelecer duas grandes linhas. Uma delas é a linha de pobreza, abaixo da qual estão as pessoas cuja renda não é suficiente para cobrir os custos mínimos de manutenção da vida humana: alimentação, moradia, transporte e vestuário. Isso num cenário em que educação e saúde são fornecidas de graça pelo governo. Outra é a linha de miséria (ou de indigência), que determina quem não consegue ganhar o bastante para garantir aquela que é a mais básica das necessidades: a alimentação. (2002, p. 84).

Note-se que há sempre um distanciamento entre o sujeito da enunciação e as personagens do enunciado. Carolina, apesar de negra, catadora de papel e favelada, sente-se diferente dos demais porque dispõe do dom da palavra escrita; e, como Rigoberta Menchú, faz desse dom uma arma de denúncia, apontando todos os aspectos negativos da vida na favela e as injustiças cometidas contra os miseráveis:

> Eram sacos de arroz que estavam nos armazens e apodreceram. Mandaram jogar fora. Fiquei horrorizada vendo o arroz podre. Contemplei as traças que circulavam, as baratas e os ratos que corriam de um lado para outro.
> Pensei: porque é que o homem branco é tão perverso assim? Êle tem dinheiro, compra e põe nos armazens. Fica brincando com o povo igual gato com rato. (p. 142).

São frequentes e veementes as acusações contra o poder econômico, refletindo conhecimento da História e da realidade presente: "Na minha opinião os atacadistas de São Paulo estão se divertindo com o povo igual os Cesar quando torturava os cristãos. Só que o Cesar da atualidade supera o Cesar do passado. Os outros era perseguido pela fé. E nós, pela fome!" (p. 140).

Esse mesmo tom de denúncia atinge também os políticos, que faturam em cima da miséria dos favelados. Carolina tem consciência do que significa a favela como investimento político, sobretudo em época de eleição:

> O senhor Cantídio Sampaio quando era vereador em 1953 passava os domingos na favela. Êle era tão agradável. Tomava nosso café, bebia nas nossas xícaras. Êle nos dirigia as suas frases de viludo. Brincava com nossas crianças. Deixou boas impressões por aqui e quando candidatou-se a deputado venceu. Mas na Câmara dos Deputados não criou um projeto para beneficiar o favelado. Não nos visitou mais. (p. 33).

Sua denúncia chega até Juscelino Kubitschek, então Presidente da República, e reveste-se de um teor metafórico e ameaçador:

> O que o senhor Juscelino tem de aproveitável é a voz. Parece um sabiá e a sua voz é agradável aos ouvidos. E agora, o sabiá está residindo na gaiola de ouro que é o Catête. Cuidado sabiá, para não perder esta gaiola,

> porque os gatos quando estão com fome contempla as aves nas gaiolas. E os favelados são os gatos. Tem fome. (p. 35).

Seu sentimento de revolta não se prende, unicamente, à miséria dos favelados, mas tem uma dimensão maior, uma vez que abrange o país como um todo, revelando não só uma consciência política mas, sobretudo, sentimento patriótico: "Precisamos livrar o paiz dos políticos açambarcadores." (p. 40). Seu amor à pátria nada tem de piegas, mas é fruto da noção de justiça social, presente em toda a sua narrativa. O preconceito racial, do qual é vítima, é um dos temas abordados, muitas vezes de forma lírica:

> A vida é igual um livro. Só depois de ter lido é que sabemos o que encerra. E nós quando estamos no fim da vida é que sabemos como a nossa vida decorreu. A minha, até aqui, tem sido preta. Preta é a minha pele. Preto é o lugar onde eu moro. (p. 160).

A representação que a narradora faz de seu corpo traz as marcas da subalternidade, isto é, aponta uma escala social hierárquica, onde o subalterno ocupa um ínfimo espaço. Como a favela "é o chiqueiro de São Paulo" (p. 170), esse corpo sente-se impregnado pela sujeira local: "Já habituei-me andar suja. Já faz oito anos que cato papel". (p. 23). É o espaço físico e social, levando-se em conta a profissão da autora, o responsável pela degradação de seu corpo. Há momentos da narrativa em que esse **corpo subalterno** se evidencia pelo próprio peso que carrega: "Que suplício catar papel atualmente! Tenho que levar a minha filha Vera Eunice. Ela está com dois anos, e não gosta de ficar em casa. Eu **ponho o saco na cabeça** e levo-a no braço." (p. 23, grifo nosso). Se ela assume a degradação do corpo como consequência de sua profissão, não o faz sem revolta:

> Fiz arroz e puis na agua esquentar para eu tomar banho. Pensei nas palavras da mulher do Policarpo que disse que quando passa perto de mim eu estou fedendo bacalhau. Disse-lhe que eu trabalho muito, que havia carregado mais de 100 quilos de papel. E estava fazendo calor. E o corpo humano não presta.
> Quem trabalha como eu tem que feder! (p. 131)

Esse **corpo subalterno** é um corpo violentado pela fome, pela miséria circundante, pela degradação do espaço, pela reificação, como se observa na revolta contida nas palavras da narradora: "E quando estou na favela tenho a impressão que sou **um objeto fora de uso**, digno de estar num quarto de despejo." (p. 37, grifo nosso).

Quarto de despejo faz do corpo subalterno um instrumento de denúncia, ao transformar a vida miserável dessa favelada numa narrativa que transgride o modelo canônico e se coloca como um gênero de fronteira, expressão de uma mulher oprimida. É escrito fora da norma padrão, sim; mas a própria incorreção linguística faz parte de um contexto de opressão e carência e deve ser vista como integrante de um mundo marginalizado.

Gayatri Spivak, em *Can the subaltern speak?*, em resposta ao título de seu trabalho, chega à conclusão de que o subalterno não pode falar. Analisando a autoimolação das viúvas na Índia, ela considera que nessa sociedade a mulher praticante do sati é emblemática do silêncio subalterno por estar duplamente oprimida, tanto pelo patriarcado, que legitima seu suicídio, quanto pelo discurso pós-colonial, que não dá voz às mulheres para discutir a questão. Em *Quem reivindica a alteridade?*, a crítica indiana aponta a singularidade e a solidão dessa mulher subalterna, uma vez que se encontra deslocada socialmente. "Separada do centro do feminismo, essa figura, a figura da mulher na classe subalterna, é singular e solitária." (p. 191).

Wanda Fabian tem uma obra bastante variada, com alguns bons romances, como *O evangelho da incerteza* (1974). Em 2003, ela publica um livro inusitado, cujo título – *As mil e uma grades* – remete aos contos das *Mil e uma noites*. Trata-se de uma coletânea de doze textos, precedidos por uma "Introdução", em que a narradora se apresenta como detenta de uma prisão de mulheres, usando sua imaginação todas as noites para contar uma nova história. Como Sherazade, ela deixa sempre o desfecho para o dia seguinte, mantendo assim a audiência cativa e usufruindo benesses no espaço da prisão, pois fazem parte dessa audiência duas carcereiras que acompanham as histórias sofregamente. A diretora do presídio a mantém sob vigilância, uma vez que teme o efeito dessa fantasia sobre as detentas, ratificando a tese de que a literatura é sempre subversiva, porque faz pensar.

Dentre os doze contos, interessa-nos aqui o denominado "Mulher debaixo do cofre", uma alegoria bem humorada da condição subalterna da mulher. O conto tem um quê de fantástico, uma vez que narra a situação de uma mulher que, ao atravessar a rua, sofre um acidente: um negro, dirigindo uma caminhonete em alta velocidade, tentando evitar o atropelamento de um gato, freia violentamente, jogando a carga, um pesadíssimo cofre, sobre a mulher. "O gato escapou, miando. O cofre escorregou, a correia que o prendia partiu-se e ele foi cair em cheio sobre as costas da mulher." (p. 77).

Começa, então, o drama dessa personagem, "dona de casa, estirada em plena via pública, as pernas varicosas abertas, um pé calçado de sandália, o outro nu, os braços abertos para os lados, o queixo grudado no asfalto." (p. 77). Esta situação perde sua tonalidade dramática porque é trabalhada humoristicamente. A narradora (mantemos o feminino, pois é uma detenta a contadora de histórias) vai mostrar as diferentes reações da comunidade diante dessa mulher estatelada no asfalto, sob o peso do cofre. O motorista negro, apesar de preocupado com a "transferência da sua carga", foge acelerado, acabando por matar o gato.

Trata-se de um bairro pobre, e os moradores se transformam em espectadores, aproveitando a novidade para quebrar a rotina. Todos se manifestam de alguma forma, mas sempre procurando tirar partido da situação. O marido, que jogava sinuca, tem o cuidado de salvar as compras, levando-as para casa. A pedido da acidentada, tenta, sem êxito, tirar o cofre de cima dela, mas cumpre suas ordens referentes à casa e aos filhos: "Você quem manda, Mulher." (p. 78). Um advogado aparece, como sói acontecer, para oferecer seus préstimos, intentando "um processo por danos morais" contra o dono do cofre!

Os deslocamentos semânticos constroem o absurdo, pois a protagonista continua viva e lúcida sob o cofre. Em momento algum grita, chora ou reclama, mantendo sua tradicional passividade. O padre, que logo chega para dar a extrema-unção, o engenheiro, que procura usar seus conhecimentos técnicos com uma alavanca, e até mesmo a melhor amiga da "Cofrada", querendo saber a receita secreta do pão de ló, todos, enfim, manifestam seus interesses e jamais a real vontade de salvar a Mulher. Isso fica por conta de um dos filhos, que sugere o elefante do circo para empreitada tão pesada. É então acionado o dono do circo, que, como os demais, vai tirar partido da situação: "Tudo bem, eu empresto o Zaratustra, mas só se vier a Televisão." (p. 80). Logo, o vereador também quis ser entrevistado. Para o elefante, foi uma tarefa fácil, mas, como a TV ainda não havia chegado – agora o máximo do absurdo –, o cofre teve de voltar para cima da mulher. "Pelo que o dócil paquiderme de novo colocou suavemente o cofre pesando uma tonelada por sobre o seu suporte carnal." (p. 81).

O discurso mais surreal é o do animador do programa de TV, patrocinado pelo sabão em pó Diligente, que faz parte da série "A Vitória da Mulher Brasileira". Diz ele: "Hoje é uma simpática dona de casa suburbana, aguentando sobre o corpo cansado das lides domésticas uma to-ne-la-da de aço!" (p. 81). Como não poderia faltar num programa desse tipo, foi anunciado o sorteio de uma geladeira como brinde entre os presentes. O vencedor deveria acertar o que havia dentro do cofre. Cada um opina, segundo seus desejos – ouro, maconha, dólares. Só a Mulher expressa o que ela estava de fato sentindo – chumbo. O motorista fujão reaparece dizendo que não havia nada, mas, como foi reconhecido, não levou a geladeira, que acabou ficando para a Mulher.

Ela é, finalmente, libertada do cofre, mas fica para sempre curvada, fitando o chão. "Debalde Marido, filhos, melhor amiga e vizinhos lhe asseguravam que estava livre. Ela não conseguia crer." (p. 86). Presa aos afazeres domésticos, à família sempre em expansão – "Mês seguinte, cumprindo a promessa feita ao Marido, deu a luz ao quarto filho varão" – não acredita na liberdade. Não é por acaso que o título do livro, articulado à ilustração da capa, remete à ideia de prisão, literal e simbolicamente representada pelos espaços das narrativas. As grades representam os obstáculos que impedem a liberdade da mulher.

No conto, as personagens não têm nome, mas a mulher e o marido são grafados com maiúscula, com o propósito de abstraí-los da situação narrada e projetá-los no âmbito da sociedade, numa postura crítica feminista. O cofre, utensílio usado para guardar valores, representa o sistema com seu poderio econômico. A protagonista mora no subúrbio, numa casa que só terminará de pagar em trinta anos; e é desse contraste entre o significado do cofre e a carência da Mulher em situação subalterna que emana o subtexto da alegoria, instigante mistura do fantástico com o cotidiano.

O CORPO DISCIPLINADO

> E é esse controle sobre os corpos das pessoas
> que é o esteio da organização social dominadora.
>
> *Riane Eisler*

A hora da estrela, de Clarice Lispector, tem sido objeto das mais variadas abordagens críticas, e até hoje continua despertando o interesse dos/as pesquisadores/as. Macabéa, a nordestina feia, pobre e despreparada para a vida na cidade grande, é um prato feito para a crítica feminista, sempre atenta às assimetrias de poder tão bem representadas por Clarice no par Macabéa/ Olímpico. Apesar de ambos serem "nordestinos, bichos da mesma espécie que se farejam" (p. 53), ela "era um parafuso dispensável" (p. 36), enquanto o namorado, "macho de briga" (p. 70), traz no próprio nome a promessa de vitória.

Aqui nos interessa a personagem Macabéa, com seu corpo cariado, construção discursiva do narrador Rodrigo, alter ego da autora, que faz de seu texto um grito de denúncia – um dos títulos sugeridos é o "Direito ao grito" –, tentando descobrir o(s) culpado(s) por tal existência. "A moça é uma verdade da qual eu não queria saber. Não sei a quem acusar, mas deve haver um réu." (p. 48).

As indagações dos textos clariceanos, frequentemente sem respostas, em *A hora da estrela* levam o leitor a soluções pouco confortáveis. A existência de macabéas tem a ver com todo o sistema social do qual fazemos parte. O narrador sente-se na obrigação de revelar essa realidade: "Porque há o direito ao grito. Então eu grito." (p. 18). E ós, o que fazemos? Fingimos ignorar? Pois, segundo o narrador: "Assim é que os senhores sabem mais do que imaginam e estão fingindo de sonsos." (p. 17).

A personagem Macabéa traz, inscritas no seu corpo, as marcas de um sistema injusto e repressor.

O "sentimento de perdição" que o narrador capta no rosto de uma moça nordestina, numa rua do Rio de Janeiro, além de dar concretude à personagem, aponta um problema social a exigir solução. São inúmeras as evidências corporais de uma existência nula. "Ela somente vive, inspirando e expirando, inspirando e expirando" (p. 30); "ela mal tem corpo"; "cara de tola, rosto que pedia tapa" (p. 31); "Sumira por acaso a sua existência física?" (p. 32); "ela que não parecia ter sangue" (p. 32); "Não sabia que era infeliz" (p. 33); "Ninguém olhava para ela na rua, ela era café frio" (p. 34); "Nascera inteiramente raquítica" (p. 35); "era extremamente muda" (p. 37); "ela era capim" (p. 38); "saudade do que poderia ter sido e não foi" (p. 41); "pequenos óvulos tão murchos" (p. 41); "de aparência era assexuada" (p. 42); "sentia falta de encontrar-se consigo mesma" (p. 43); "corpo cariado" (p. 43); "quando acordava não sabia mais quem era" (p. 44); "ela era um acaso" (p. 45); "vivia de si mesma como se comesse as próprias entranhas" (p. 46); "sucessivos e redondos vácuos que havia nela" (p. 47); "estava acostumada a se esquecer de si mesma" (p. 60-1); "era fruto do cruzamento do 'o quê' com 'o quê' " (p. 71); "vazia, vazia" (p. 75); "anonimato total pois ela não é para ninguém" (p. 82); "seu sexo era a única marca veemente de sua existência." (p. 84). Esses e muitos outros exemplos dão bem a medida de uma "corporalidade psíquica" anulada, uma vez que é definida pela negatividade, pela ausência.

Arthur Frank, no ensaio por nós já citado, ao criar uma tipologia dos corpos, institui o corpo disciplinado ('the disciplined body"), cuja característica básica é a carência garantida pela disciplina. As regras impostas convivem com a noção de carência sem solucioná-la, impedindo, porém, a desintegração. Trata-se de um corpo previsível, uma vez que ser previsível é tanto o meio quanto o resultado final das regras impostas.

Outro teórico do **corpo disciplinado** é Foucault, que através de seus "corpos dóceis" explicita, em *Vigiar e punir*, todo o poder da disciplina: "Esses métodos que permitem o controle minucioso das operações do corpo, que realizam a sujeição constante de suas forças e lhes impõem uma relação de docilidade-utilidade, são o que podemos chamar as 'disciplinas'." (p. 118).

A descoberta do corpo como objeto e alvo do poder suscitou uma teoria geral do adestramento, no centro da qual reina a noção de "docilidade". Em qualquer sociedade, diz Foucault, "o corpo está preso no interior de poderes muito apertados, que lhe impõem limitações, proibições ou obrigações." (p. 118).

A teoria de Pierre Bourdieu sobre a "violência simbólica", tão bem desenvolvida em *A dominação masculina*, completa as ideias expostas sobre o "**corpo disciplinado**", de Arthur Frank, e os "corpos dóceis", de Foucault. Ela define a "força simbólica" como "uma forma de poder que se exerce sobre os corpos, diretamente, e como que por magia, sem qualquer coação física." (p. 50). É verdade que, no caso dos **corpos disciplinados** e dóceis, os procedimentos são mais rigorosos e evidentes, incluindo punições e prêmios. A violência simbólica, porém, tem uma ação transformadora que se manifesta de maneira invisível e insidiosa, através de interações prolongadas com as estruturas de dominação. O resultado visado é um só: a submissão às regras em todos os níveis. As instituições Família, Igreja, Escola e Estado – são agentes que contribuem para a dominação, que se institui por intermédio da adesão que o dominado não pode deixar de conceder ao dominante. Diz Bourdieu: "Os dominados aplicam categorias construídas do ponto de vista dos dominantes às relações de dominação, fazendo-as assim ser vistas como naturais." (p. 46).

Para melhor compreendermos a relação entre a carência e a subordinação às regras, no caso de Macabéa, citamos mais uma vez Arthur Frank:

> Para que a disciplina mantenha-se, a noção de carência deve permanecer consciente. Para sustentar a consciência da carência do corpo disciplinado, é comum para este inscrever-se em alguma ordem hierárquica (militar, monástica ou outra), na qual estará perpétua e justificadamente subordinado. A carência justifica a subordinação, a qual, por sua vez, reproduz a carência. (trad. livre). [2]

Se aplicarmos essa teoria, ilustrada pelo autor com a vida militar e monástica, às regras incutidas

---

[2] For discipline to be sustained, the sense of lack must remain conscious. One device for sustaining the consciousness so lack for the disciplined body top lace it self in some hierarchy (military, monastic or other), in which it is perpetually, and to it self justifiable, subordinated. Thus subordination is a medium and out come o flack. The lack justifies the subordination, which in turn reproduces the lack. (p. 55).

pela tia carola de Macabéa, responsável pela sua "formação", veremos que o vazio existencial da personagem, isto é, sua carência (*lack*), sustenta-se pela obediência cega a essa regimentação. Ao ver o rinoceronte, no Jardim Zoológico, se mija de medo, e como Olímpico, com quem ela estava, nada percebe, "ela rezou automaticamente em agradecimento. Não era agradecimento a Deus, só estava repetindo o que aprendera na infância." (p. 67). Este aprendizado (*regimentation*), que ela reproduz cegamente, anula toda e qualquer possibilidade de autoconsciência, como no exemplo seguinte: "Por falar em galinha, a moça às vezes comia num botequim um ovo duro. Mas a tia lhe ensinara que comer ovo fazia mal para o fígado. Sendo assim, obedientemente adoecia, sentindo dores do lado esquerdo oposto ao fígado." (p. 42). Não é só a tia a responsável pela "regimentation" de Macabéa. Ao ouvir a Rádio Relógio, ela incorpora ensinamentos que muitas vezes não compreende: "Eles disseram que se devia ter alegria de viver. Então eu tenho." (p. 62). Como diz o narrador, "ela é doce e obediente." (p. 33). A obediência à disciplina sustenta sua existência vazia e ela passa o dia "representando com obediência o papel de ser."

(p. 45). Anúncios para ela são como ensinamentos que ela decora para usar quando necessários. "Outra vez ouvira: 'Arrepende-te em Cristo e Ele te dará felicidade'. Então ela se arrependera. Como não sabia bem de que, arrependia-se toda e de tudo. O pastor também falava que a vingança é infernal. Então ela não se vingava." (p. 46). A Igreja, com seu poder manipulador, também se faz presente, através dos ensinamentos da tia, que são incorporados por Macabéa, sem que ela os compreenda. Da mesma forma, a Rádio Relógio, como representante da mídia, é responsável pelo aprendizado da personagem. O fato de ela adorar os anúncios, a ponto de colecioná-los, é bem significativo; a linguagem publicitária é altamente manipuladora e Macabéa, como corpo dócil, é mais uma vítima do apelo consumista. Diante do anúncio de um creme para a pele, "ficava só imaginando com delícia: o creme era tão apetitoso que se tivesse dinheiro para comprá-lo não seria boba. Que pele, que nada, ela o comeria, isso sim, às colheradas no pote mesmo." (p. 47).

A tia, apesar de já falecida no presente da enunciação, representa a família de Macabéa, órfã de pai e mãe. Seus métodos disciplinares empregam desde o castigo – a privação da goiabada com queijo, "a única paixão de sua vida" – até os cascudos no alto da cabeça como forma de punição. A autoridade da tia nunca é contestada, uma vez que não compete ao **corpo disciplinado** questionar os procedimentos.

Macabéa não sabia que era infeliz; até essa consciência lhe faltava. Ela só vai se dar conta da sua infelicidade durante o diálogo com a cartomante. "Madame Carlota havia acertado tudo, Macabéa estava espantada. Só então vira que sua vida era uma miséria. Teve vontade de chorar ao ver o seu lado oposto, ela que, como eu disse, até então se julgava feliz." (p. 94, 95). A educação repressora da tia, na base dos castigos e cascudos, dissocia Macabéa de si mesma: "A menina não perguntava por que era sempre castigada mas nem tudo se precisa saber e não saber fazia parte importante de sua vida." (p. 36). Ela não reage, não grita, não luta. Essa função fica por conta de Rodrigo, o narrador, que ao final da narrativa, morta Macabéa, lembra-se de que, por enquanto, é tempo de morangos, voltando assim à alienação burguesa tão condenada.

Encontramos outro exemplo de **corpo disciplinado** no conto "I Love my husband", do livro

O calor das coisas, de Nélida Piñon. Trata-se de um monólogo de uma mulher casada, cujo fluir das ideias diz respeito às suas relações matrimoniais. O título, por ser em inglês, já denota a presença de uma cultura dominante impondo um padrão comportamental, além de inserir o texto na banalização do sentimento amoroso. É como se não se pudesse deixar de amar o marido. O poder da disciplina já se faz presente desde o título, sendo reiterado, enfaticamente, no início da narrativa: "Eu amo meu marido. De manhã à noite." (p. 59). Durante todo o monólogo, vai se evidenciando, sutilmente, a presença de ensinamentos (*regimentation*) a que a narradora sempre se submeteu, a começar pela família, primeiro núcleo socializador, onde o pai, representante do sistema patriarcal, incute na filha a submissão ao marido:

> Já viu, filha, que coisa mais bonita, uma vida nunca revelada, que ninguém colheu senão o marido, o pai dos seus filhos? Os ensinamentos paternos sempre foram graves, ele dava brilho de prata à prata envelhecimento. Vinha-me a certeza de que ao não se cumprir a história da

mulher, não lhe sendo permitida a sua própria biografia, era-lhe assegurada em troca a juventude. (p. 64)

Esse parágrafo mostra alguns aspectos importantes para a compreensão do conto. Uma "vida nunca revelada" é uma vida em negativo, sem ser experienciada. A não permissão de uma biografia própria faz parte do processo disciplinar, que impede a mulher de viver sua própria vida para viver a do marido, este sim, provedor e construtor da realidade, enquanto a mulher apenas lhe alimenta os sonhos. "Assim fui aprendendo", diz a narradora, que a felicidade é estar a serviço do marido; daí o café, o bolo de chocolate servido nas horas certas. O marido não é apenas o tradicional provedor material, mas um ser poderoso, do qual tudo depende, pois é ele que traz para "o lar alimento, esperança, a fé, a história de uma família". (p. 65). Toda essa responsabilidade lhe dá o direito de cercear a liberdade da mulher, que se acomoda a ler o mundo através das palavras dele; assim, fica garantida a estabilidade do casamento, uma vez que o perigo reside nas palavras incompatíveis com o destino de mulher. A narradora se compara a uma árvore cujos frutos ele colhe, podando-lhe os excessos. O verbo "podar", presente no texto, dá bem a medida da função castradora do marido.

Mas essa disciplina a que ela se submete se esgarça nos momentos em que irrompe a fantasia; nos momentos em que ela se sente "guerreira", disposta a pegar em armas, com um rosto que não é mais o seu. Arthur Frank, em seu artigo já citado, diz que quando o **corpo disciplinado** sai de si mesmo para relacionar-se com os outros assume uma atitude agressiva, valendo-se da força. Para ele, o **corpo disciplinado** mantém uma relação monástica (*monadic*), isto é, relaciona-se consigo mesmo, está entre os outros, mas não com os outros. O texto em questão, por ser um monólogo e pelo seu enunciado, revela isso com clareza. Quando a narradora se põe a fantasiar "uma aventura africana", ela extravasa toda sua agressividade e sensualidade. Vejamos:

> Seguida por um cortejo untado de suor e ansiedade, eu abatia os javalis, mergulhava meus caninos nas suas jugulares aquecidas, enquanto Clark Gable, atraído pelo meu cheiro e do animal em convulsão, ia pedindo de joelhos o meu

amor. Sôfrega pelo esforço, eu sorvia água do rio, quem sabe em busca da febre que estava em minhas entranhas e eu não sabia como despertar. A pele ardente, o delírio, e as palavras que manchavam os meus lábios pela primeira vez, eu ruborizava de prazer e pudor, enquanto o pajé salvava-me a vida com seu ritual e seus pelos fartos no peito. Com a saúde nos dedos, da minha boca parecia sair o sopro da vida e eu deixava então o Clark Gable amarrado numa árvore, lentamente comido pelas formigas. (p. 62).

A referência a Clark Gable, ídolo do cinema americano na década de 50, implorando seu amor, representa a vingança contra o desinteresse amoroso do marido que, segundo ela, esforça-se em amá-la, achando que falar em amor é perda de tempo "quando se discutem as alternativas econômicas." (p. 61). Os "pelos fartos no peito", que são reiterados no conto, apontam a emergente sensualidade da mulher. Valem aqui as palavras de Arthur Frank a respeito da reação do **corpo disciplinado**: "Quando a disciplina interna não pode mais neutralizar o tema de sua própria contingência, o corpo disciplinado migra para a dominação, subjugando o corpo dos outros a um controle que ele não pode exercer sobre si mesmo." (trad. livre).[3] É o que sonha a nossa protagonista: viver uma aventura selvagem, dominando o macho e "aos gritos proclamando a liberdade." (p. 62). Quando se sente "guerreira", devendo "conquistar outra pátria, nova língua, um corpo que sugasse a vida sem medo e pudor", mergulha "numa exaltação dourada", que logo desaparece quando busca "o socorro das calçadas familiares", onde "sua vida está estampada". Essa referência ao familiar nos remete à protagonista do conto "Amor", de Clarice Lispector, que, levada pelo marido, afasta-se do "perigo de viver", mergulhando novamente na escuridão doméstica, no "destino de mulher".

Trata-se de um texto difícil, em função de suas proposições implícitas. O leitor deve funcionar como coenunciador para preencher as lacunas, para captar o não dito no dito. Dominique Maingueneau, em *Pragmática para o discurso literário*, chama nossa atenção para a importância do implícito, quando declara:

---

[3] When internal discipline can no longer neutralize the threat of its own contingency, the disciplined body may turn to dominations, enforcing on the bodies of others the control it cannot exercise over itself". (p. 55).

> Esse interesse pelo implícito é aliás natural, se pensarmos que a pragmática concede todo o peso às *estratégias* indiretas do enunciador e ao *trabalho* de interpretação dos enunciados pelo coenunciador. Muitas vezes o locutor enuncia o explícito para fazer o implícito passar, invertendo a hierarquia "normal" para chegar a seus fins. (sic, p. 89).

Esses "fins", no caso do nosso monólogo, desconstroem o tão propalado amor da protagonista por seu marido. O implícito do texto é o que importa, uma vez que é onde se encontra a verdade. O não dito vale mais do que o dito; este reitera o sistema patriarcal, com a mulher submissa ao marido em todos os sentidos. O aprendizado das regras que fazem dela um **corpo disciplinado** é resultado da "violência simbólica" de que nos fala Bourdieu. Mas os atos de linguagem presentes no texto criam ambiguidades, que nos fazem buscar o implícito. Um bom exemplo está no final do conto, quando a narradora confessa:

> Sinto então a boca seca, seca por um cotidiano que confirma o gosto do pão comido às vésperas, e que me alimentará amanhã também.

> Um pão que ele e eu comemos há tantos anos sem reclamar, ungidos pelo amor, atados pela cerimônia de um casamento que nos declarou marido e mulher. Ah, sim, eu amo o meu marido. (p. 67).

O pão tem uma dimensão simbólica – o pão nosso de cada dia –, pois remete à secura de uma rotina sem salvação, uma vez que eles foram "ungidos" e "atados". Temos aqui dois adjetivos ambíguos, uma vez que "ungido" remete aos santos óleos das sagrações, mas também à extrema unção aos agonizantes, e "atado" tanto pode representar a união como a repressão, como nos "laços de família" clariceanos. O casamento, como instituição, é o responsável por esta prisão, uma vez que os declara "marido e mulher". Daí as palavras finais da narradora: "Ah, sim, eu amo o meu marido", em que a interjeição e a afirmativa, em vez de reforçarem o amor pelo marido, colocam-no como uma das regras da disciplina a ser seguida.

Esse **corpo disciplinado** tem seus momentos de indisciplina, que a mulher chama de "meus atos de pássaro", de "galopes perigosos e breves", numa clara referência à vida natural. Porém, o sentimento de culpa resgata a disciplina e ela, contrita, promete a si mesma esquivar-se de tais tentações.

O que distancia, até certo ponto, esta narradora de Macabéa é o nível de elaboração mental, que no caso de Macabéa inexiste. Mas a sensação da falta (*lack*) é a responsável pela docilidade desses corpos, sempre passíveis de sofrerem as regras impostas.

Com seu conto "A confissão de Leontina", Lygia Fagundes Telles nos fornece um exemplo significativo de **corpo disciplinado**. Como observa Cláudia Castanheira em sua dissertação de Mestrado, trata-se do "drama de uma mulher oprimida por circunstâncias que escapam ao seu controle e domínio, lançando-a nos tortuosos caminhos da reificação humana, ainda que de modo involuntário porque inconsciente". (p. 15),

No presente da enunciação, Leontina, a personagem narradora, está na cadeia; é acusada de ter matado um velho que acabara de presenteá-la com um vestido e que se enfurece com a protagonista ao sentir-se rejeitado. Depois de apanhar muito, Leontina encontra casualmente um ferro com o qual acerta a cabeça do velho:

> Num salto me levantei e quando ele me puxou de novo pelo cabelo e me sacudiu assentei o ferro na cabeça dele. Assim que comecei a bater fui ficando com tanta raiva que bati com vontade e só parei de bater quando o corpo foi vergando pra frente e a cabeça caiu bem em cima da direção. A buzina começou a tocar. Tive um susto danado porque pensei que ele estivesse chamando alguém. Mas ele parecia dormir de tão quieto. (p. 116).

É a primeira vez que, em sua história, a protagonista age violentamente, obedecendo mais ao instinto que à reflexão, já que antes ainda tenta ser condescendente, no estilo "boa menina", que sempre norteou seu comportamento, como mostram suas palavras: "Me arrependia muito da malcriação que tinha feito sem intenção e prometia ser boazinha." (p. 115). Durante toda sua existência, ela se revela submissa, dócil às regras impostas (*regimentation*). Leontina parece não crescer, pois sua porção infantil predomina sobre a mulher que se desenvolveu apenas exteriormente. Na sua infância miserável, por decisão de sua mãe, de quem ela herdou abnegação e complacência diante das agressões do mundo, tudo é feito para garantir alimento e estudo para Pedro, o primo que no futuro iria cuidar da família. Mas, apesar do sacrifício, Pedro não assume a função de provedor e protetor, abandonando Leontina sozinha no mundo, após ela ter perdido a mãe e a irmã. Empregada pelo pároco como doméstica, a personagem sofre todo tipo de maus-tratos, até arranjar coragem e fugir para a cidade grande. Aí começa sua relação com diferentes homens, sendo que Rogério, o primeiro deles, representa um hiato na sua vida de sofrimentos e privações: "Esse foi um tempo feliz", recorda ela. (p. 102). Apesar disso, havia regras a serem seguidas: fumar e fazer amor, embora não gostasse nem de um nem de outro. E, sobretudo, teve que aceitar as condições de Rogério, que não queria assumir compromisso nenhum, deixando-a sozinha pela segunda vez na vida. Com o auxílio de Rubi, sua amiga valiosa, vai trabalhar num *dancing*, mas não perde a ingenuidade, deixando-se explorar pelos homens, sempre sem reagir. "Dançando a noite inteira com uns caras que vinham pisando feito elefante e me apertando e beliscando como se minha carne fosse de borracha. Pobre ou rico era tudo igual, com a diferença que os pobres vinham com cada programa que Deus me livre." (p. 117). Até que um velho acena com a possibilidade de ela ter um vestido, como nunca tivera. Mas o preço foi alto demais.

Diante da encrenca em que se encontra, seu passado de privações lhe parece um paraíso: "Se minha mãe ainda fosse viva e se tivesse o Pedro e minha irmãzinha então está visto que eu voltava correndo." (p. 98).

Todo o seu passado pode ser visto como o tempo da aprendizagem da submissão. Ela se submete à disciplina imposta por todos, sendo a amiga Rubi a única que busca ajudá-la a seguir outro caminho, embora saiba que não há solução. Ao se solidarizar com os valores culturais opressores, como Macabéa, Leontina é a representação perfeita do **corpo disciplinado**. Mas há um momento em que uma força maior emerge, rompendo inconscientemente com a disciplina internalizada. Quando o velho vocifera xingando-a, reage verbalmente: "E depois não tinha nada que puxar o nome da minha mãe que era mulher que só parou de trabalhar pra deitar a cabeça no chão e morrer. Isso não estava certo, porque nela que estava morta. Ninguém tinha que bulir.

Ninguém." (p. 115). E passa da reação verbal à reação física, batendo com o ferro na cabeça do velho, por conta da violência sofrida. Pressentindo a morte próxima – "de repente me deu um estremecimento porque uma coisa me disse que o velho ia acabar me matando" (p. 116) –, rompe com a disciplina e descarrega toda a força, a que esteve até então submetida, na cabeça do velho, por acaso um homem poderoso, dono de jornal e muito bem relacionado... É como se sua raiva contra o sistema, até então contida pela disciplina, emergisse violentamente, dissociada dela mesma, como aponta Arthur Frank, no seu já citado ensaio: "O modo daquela relação será previsivelmente a força." (trad. livre).[4]

A "confissão" presente no título do conto cria uma expectativa que, de fato, não se realiza, uma vez que significa declaração dos pecados e das culpas, o que não se enquadra com o discurso de Leontina. Ela não se sente culpada de nada. "É que eu não sou mesmo essa uma que toda gente diz" (p. 87), ela declara. O que está implícito nesta "confissão" é a sua sujeição a uma disciplina, que fez dela, desde a infância, um corpo dócil, treinado para não ter

---
[4] The mode of that relation will predictably be force.(p. 55)

direitos, para servir. Aqui, vale a pena transcrever sua recordação da infância para se ter a medida da aceitação da disciplina imposta: "Minha mãe tão caladinha com o lenço amarrado na cabeça e a trouxa de roupa debaixo do braço. Luzia com a minhocas. Pedro com os livros. E eu tão contente cuidando da casa." (grifo nosso, p. 92).

É este o erro fundante da vida de Leontina, que ela confessa num momento de desabafo: sua docilidade a um sistema injusto e cruel. Se ela não tivesse, desde o início, se submetido (*regimentation*), talvez não estivesse na cadeia pagando por um crime que, inconscientemente, cometeu.

O CORPO IMOBILIZADO

Eu falo de mulheres e destinos.

Lya Luft

Pierre Bourdieu, em *A dominação masculina*, constantemente enfatiza o efeito da violência simbólica sobre o corpo feminino, através de "injunções continuadas, silenciosas e invisíveis", que levam as mulheres a aceitar como naturais e inquestionáveis "as prescrições e proscrições arbitrárias" (p. 71) impressas em seu corpo. A masculinização do corpo masculino e a feminilização do corpo feminino são o resultado de um trabalho incessante e interminável que acaba por naturalizar a dominação masculina.

Neste processo, trabalham, conjunta e harmoniosamente, Família, Escola, Igreja e Estado, isto é, a Sociedade como um todo, que, para Bourdieu, é o "substituto mundano de Deus." (p. 133).

No conto "O Pai", do livro *Os provisórios* (1980), de Helena Parente Cunha, por meio de um monólogo ora direto, ora indireto, ficam claras as injunções paternas sobre o corpo da filha que, se em alguns raros momentos manifesta uma reação a essas imposições, ao final se torna absolutamente passiva. Aqui, a disciplina se impõe de tal forma que anula toda e qualquer iniciativa, ficando a protagonista totalmente imobilizada.

O texto é fragmentado, alternando várias temporalidades que se identificam através de índices lexicais. Assim, quando a filha é ainda criança, o pai está "entre a boneca e a tarde"; com a passagem dos anos, o pai fica "entre um anúncio e um comprimido", até sua morte, quando fica atravessado "entre a hora de sair e a hora de nunca mais". A preposição "entre" se instala sempre, da mesma forma que o sintagma "o pai parado na porta", que abre todos os parágrafos. Ele está parado, como um obstáculo, ideia que se reforça pelo uso da preposição; desta forma, a filha está impossibilitada de ir e vir, o que o texto expressa, poeticamente, no primeiro e último parágrafos: "Aquele cansaço de existir, aquela gosma impregnando os ossos, os músculos, os tecidos, o sangue estagnado sob a pele desbotada, nem mesmo um gesto a se estender no ar, ela parada na porta, nem indo nem vindo, só ali, não se mexendo..." (p. 1). Numa estrutura cíclica, o conto termina da mesma forma: "Cansaço, cansaço de existir. Ela parada na porta, entre ficar e não sair, o corpo colado numa gosma nem fria nem quente, um amarrado nos ossos, um grude se enfiando pelos poros..." (p. 4). Uma vez introjetadas as injunções paternas, a filha se submete de tal forma ao domínio do pai que mesmo após a morte dele ela continua imobilizada. Aqui, vale citar Bourdieu, que explica muito bem a força do *habitus*:

> O trabalho de transformação dos corpos, ao mesmo tempo sexualmente diferenciado e sexualmente diferenciador, que se realiza em parte através dos efeitos de injunções explícitas, e em parte, enfim, através de toda a construção simbólica da visão do corpo biológico (e em particular do ato sexual, concebido como

ato de dominação, de posse), produz habitus automaticamente diferenciados e diferenciadores. (p. 70).

A escola funciona aqui como instituição e espaço frequentado pela personagem feminina, como aluna – "esfregando a saia de flanela azul pregueada no banco" (p. 1) e como professora – "a escola, sempre a escola" (p. 1). Como instituição, ela reproduz a estrutura de dominação, tanto social como de gênero. Guacira Lopes Louro, em *Gênero, sexualidade e educação*, assinala o papel da escola no adestramento social: "A escola delimita espaços. Servindo-se de signos e códigos, ela afirma o que cada um pode (ou não pode) fazer, ela separa e institui. Informa o "lugar" dos pequenos e dos grandes, dos meninos e das meninas." (p. 58).

O registro reiterado, durante a narrativa, do teorema de Pitágoras, representa a imutabilidade de verdades universais: "Em todo o correr dos anos, tudo se transforma. Pitágoras, não, nem se perde nem se transforma, irredutível na sua exatidão geométrica" (p. 3), como a repressão sofrida pela personagem feminina, desde sua infância até a maturidade. "Você não sabe que é feio menina brincar com menino?", diz o pai para a criança, da mesma forma que repreende, passados os anos, a filha professora: "Por que você chegou tarde? Onde já se viu moça de família na rua a estas horas?" (p. 1).

A imobilidade do pai, sempre parado na porta, representa o conjunto das estruturas dominantes, assim naturalizadas. Não mudam porque são vistas como naturais. A filha, através do adestramento imposto pelo patriarcado, acaba por entrar no jogo: "Sim, papai, de agora em diante, eu vou ver todas as novelas, a das seis, a das sete, a das oito, a das dez, tem das onze?" (p. 3, 4). E, morto o pai, seu corpo está agora imobilizado, passivamente parado na porta. Este corpo, que perdeu até mesmo suas funções básicas, cujos ossos, músculos, tecidos e sangue estão estagnados, é o produto da ordem social que limita o espaço da mulher, acabando por imobilizá-la.

O conto "É a alma, não é?", do livro *O leopardo é um animal delicado* (1998), de Marina Colasanti, apresenta o tema do casamento desgastado pelos anos e pela rotina. A notícia de jornal sobre uma libélula incrustada num pedaço de âmbar, de onde vão tirar o DNA para fazer outra, notícia lida pelo marido no café da manhã, leva Marta, a protagonista, a estabelecer um paralelo entre esta libélula e o seu casamento. "Uma mosca presa no âmbar, isso é o meu casamento". (p. 7).

Num discurso indireto, o conto registra os pensamentos de Marta, que se interessa pela notícia à medida que encontra similitudes com a sua situação, presa entre "as fronteiras das paredes" do apartamento classe média onde vive. "O meu âmbar, pensou Marta, é de gesso". (p. 8). O tempo privilegiado pela narrativa cobre exatamente o período entre a saída do marido para o trabalho e sua volta ao anoitecer, período este em que a protagonista está instalada na poltrona habitual, refletindo sobre seu casamento:

> Não, o jornal não falava de Marta. Nem poderia o jornal saber ou interessar-se por um casamento assim tão cotidiano, um casamento puído pelo uso como certos colarinhos que já não têm pano por dentro mas mantêm por fora uma quase integridade, um casamento que todos diriam bom, embora sem asas e sem voos, incrustado pelos anos em sua própria história. (p. 8).

QUE CORPO É ESSE?

A notícia de jornal, lida pelo marido interessado unicamente na libélula, desencadeia uma série de revelações sobre a mesmice cotidiana de Marta, que imagina ressuscitar seu casamento, da mesma forma que o cientista vai reproduzir a libélula: retirando um pequeno fragmento. Projetando em sua mente a imagem do cientista, sorrindo vitorioso ao depositar o minúsculo fragmento do pratinho de vidro, Marta percebe que, inconscientemente, arrancou uma pele seca do seu peito. Mas, angustiada, se dá conta de que nenhum casamento pode ser ressuscitado com "esses restos necrosados". É interessante notar como a narradora trabalha o paralelo que se estabelece na mente da protagonista, onde a alienação é de tal ordem – "diante da imagem da televisão distante e alheia" – que a libélula e seu casamento se confundem, às vezes gerando registros poéticos, como o que se segue:

> E dizer que começamos como libélulas, segue Marta. Tínhamos brilho, alguma transparência. Caçadores delicados, assim fomos no princípio. Chegamos a voar, a voar nos dias, na superfície dos dias feito as libélulas voam sobre a superfície

dos lagos. Como íamos saber que aquilo era apenas o princípio? Só percebemos depois que acabou. E aí pareceu tão curto. (p. 9)

A ideia de prisão, que aparece logo no início do conto – "preso no âmbar como uma libélula" –, remete à imobilidade, que se confirma no discurso da narradora: "Sentada naquela poltrona que já conhece o feitio do seu corpo" (p. 10), fica Marta o dia todo envolvida com seus pensamentos. A TV ligada, "como uma janela qualquer de um prédio qualquer" (p. 7), é um elemento importante nesse processo de alienação. A notícia sobre a libélula tem o poder de despertá-la para a realidade que está vivendo. Os móveis do apartamento, que ela considerava apenas uma extensão de si mesma, vão se tornar estranhos, com arestas e quinas cortantes. Mas, ao cair da noite, tudo volta a ser como antes, numa situação muito próxima da epifania em Clarice Lispector.

> A branca luminosidade da sala apagou-se aos poucos sem que Marta se desse conta, a televisão lança sombras fundas. Marta ouve bater a porta do elevador, passos se aproximam do

> corredor. Marta acende o abajur da sala. A luz dourada se alastra preenchendo todos os espaços. A chave roda na fechadura. Marta vira a cabeça passando o olhar de relance pelos móveis sem arestas. A porta se abre. O marido entra. Oi, diz Marta, que tal seu dia? E sem ouvir a resposta volta-se para a televisão. (p. 10, grifo nosso)

A rotina se instala novamente e nada acontece com este **corpo imobilizado**.

O CORPO ENVELHECIDO

> Cueillez, cueillez votre jeneusse:
> Comme à cette fleur la vieillesse
> Fera ternir votre beauté
>
> *Ronsard*

É significativa a presença do tema velhice nas narrativas de autoria feminina. Se a sociedade industrial em que vivemos marginaliza o idoso em geral, as mulheres sofrem mais os efeitos dessa marginalização, uma vez que a cultura dominante impõe-lhe padrões de beleza e juventude. O corpo, produzido pela mídia, corrobora esses princípios, transformando a vida das mulheres idosas numa eterna frustração. Ao vincular sua autoestima aos padrões impostos, perdem-se de si próprias e mergulham no vazio existencial. Simone de Beauvoir, em seu famoso livro *A velhice*, chama a atenção para a marginalização do velho e, sobretudo, da mulher idosa: "Já que o destino da mulher é ser, aos olhos do homem, um objeto erótico, ao tornar-se velha e feia, ela perde o lugar que lhe é destinado na sociedade." (p. 152).

A velhice se manifesta através do corpo, sendo que a relação com o tempo é vivida de forma diferente, segundo um maior ou menor grau de deterioração corporal e, sobretudo, segundo a cultura dominante. Não se trata de uma realidade bem definida, mas de um fenômeno biológico com consequências psicológicas. Se mudar é a lei da vida, o envelhecimento, porém, se caracteriza por uma mudança irreversível. Trata-se de um declínio que desemboca, invariavelmente, na morte. Simone de Beauvoir se refere à importância do fator social no processo de envelhecimento. "A condição do velho depende do contexto social" (p. 107), diz ela, pois, na sociedade industrial, o velho se torna improdutivo e as mulheres, consideradas objetos eróticos, quando idosas tornam-se cartas fora do baralho.

A mudança que o envelhecimento produz muitas vezes aparece mais claramente para os outros do que para o próprio sujeito, porque ela se opera continuamente e nós mal a percebemos. Nosso inconsciente alimenta a ilusão de uma eterna juventude. Diz Simone: "Quando essa ilusão é abalada, provoca em inúmeros sujeitos um traumatismo narcísico que gera uma psicose depressiva." (p. 358).

É esse o drama da personagem Rosa Ambrósio, protagonista de *As horas nuas* (1989), romance de Lygia Fagundes Telles. Trata-se de uma narrativa cuja trama não se resolve satisfatoriamente, mas que vale, esteticamente, pela construção da personagem principal, que tem sua carreira artística e sua vida pessoal devastadas pela passagem do tempo, como as rosas de Ronsard.

O fato de ter sido artista famosa por suas atuações dramáticas, badalada pela crítica e pelo público, torna o envelhecimento mais dramático e a depressão, mais profunda. As perdas se acumulam através dos anos – seu primo amado, vítima de uma overdose, seu marido Gregório, que se suicida, traumatizado pela tortura dos anos de chumbo, e Diogo, o jovem secretário por quem se apaixona – e ela apela para o álcool, como forma de evasão.

O romance tem uma estrutura fragmentada e é narrado por três vozes diferentes: Rosa Ambrósio, o gato Rahul e um narrador heterodiegético. A narração feita pela protagonista faz parte do projeto de um diário, a que pretende dar o título de "As horas nuas", num evidente propósito de se revelar na sua nudez. Como está a maior parte do tempo alcoolizada, seu discurso é descontínuo e trôpego, como a própria protagonista: "Ô delícia beber sem testemunhas, algodoada no chão feito o astronauta no espaço, a nave desligada, tudo desligado. Invisível." (p. 9). Trata-se de um projeto frustrado, apesar de, lá pelos capítulos 15 e 16, ela se propor a narrar desde o início, "quando a Rosa em botão ia colhendo estabanadamente as rosas da manhã" (p. 180), parafraseando Ronsard. Mas a linguagem não dá conta do torvelinho mental agravado pela turvação do álcool:

> O uísque desce mais violento pela minha garganta, indignados os dois o uísque e eu e ainda assim quero continuar falando, lá sei se esse bosta de gravador ainda funciona, apertei os botões e pronto, não interessa, vou até o fim. (p. 189).

O gato Rahultem um discurso concatenado, apesar da narração que faz de suas vidas pregressas, numa alusão aos sete fôlegos do felino. Trata-se de um narrador onisciente, que tudo vê e tudo sabe. É o símbolo da sabedoria. Mas esta sabedoria faz dele um narrador cruel, usando seu poder de devassar a interioridade das demais personagens. Gregório, voltado para o firmamento e suas estrelas, é o único que escapa à argúcia penetrante do gato. Rosa é sua maior vítima: ele a descreve durante a operação tintura: "Com a cara branca de creme e a auréola da cabeleira esgrouvinhada, escorrendo tinta, ficou um palhaço à espera da roupa para entrar no picadeiro." (p. 32). Em outro momento, ele a flagra completamente alcoolizada: "Agora ela dorme esparramada no chão, a boca entreaberta puxando um ronco de bebedeira." (p. 81). A voz do gato desconstrói qualquer possibilidade redentora. Quando ela canta "Let me try again" no chuveiro, ele observa: "É o que todos pedem, respondo num bocejo" (p. 36), que nós diríamos de enfado, tal é a experiência que possui do ser humano.

O drama da decadência vivido pela protagonista tem seus fundamentos na passagem do tempo, mas se alimenta, sobretudo, da ideologia capitalista burguesa, que prioriza a produção, o lucro. Simone de Beauvoir, no seu livro já citado, acusa a sociedade industrial de explorar o ser humano, seja ele jovem ou velho:

> A sociedade só se preocupa com o indivíduo na medida em que este rende. Os jovens sabem disso. Sua ansiedade no momento em que abordam a vida social é simétrica à angústia dos velhos no momento em que são excluídos dela. (p. 665).

Rosa Ambrósio não nega sua condição de "burguesa assumida", e seu preconceito contra a velhice atinge o paroxismo na sua recusa em aceitar os namorados da filha, que dá preferência a homens mais velhos. Diz ela: "Espera, não é tão simples assim, a verdade é que eu queria apenas uma filha normal – será pedir muito? Podia ser livre, podia morar longe com sua tropa de amantes, aceito. Mas não precisava ser uma tropa de velhos." (p. 20, 21. Dessa forma, ela reforça a ideologia burguesa que marginaliza o velho e agrava sua depressão causada pelo sentimento de decadência, conscientizando-se de que é "uma bêbada podre num mundo podre." (p. 18).

O tempo, sob a ótica de Rosa Ambrósio, é o grande vilão. Nada escapa a sua sanha "machadianamente" destruidora. Chegada às vezes a um latinismo (língua morta!), diz ela: "Sic transit gloria mundi" (p. 156), mostrando que até a glória do mundo acaba. É muito reveladora a descrição que faz da Praça da República, em São Paulo, que costumava frequentar com seu pai, quando menina:

> Mas é esta aquela antiga praça? Há dezenas de barraquinhas e tabuleiros com vendedores miseráveis vendendo suas miseráveis quinquilharias, mendigos em cachos e os passantes. Se houvesse ao menos um banco vazio mas a espessa vaga da miséria transbordou e ocupou os espaços, a praça ocupada. A cidade ocupada. (...)Entro na alameda sinuosa onde estão enfileirados os bustos de homens que ninguém mais conhece, mas quem quer saber? Os de bronze com as placas já foram devidamente roubados, ficaram os heróis de pedra, benfeitores da pátria. Educadores. Poetas. Os passarinhos costumam pousar

> e defecar nas cabeçorras, eu disse defecar, mais respeito aí pelos senhores com as estrias negro-esverdinhadas descendo em profusão por entre os sulcos da cara. (p. 155, 156).

Nessa descrição, percebe-se a nostalgia por um tempo passado, mas sobretudo a perplexidade e a revolta diante da miséria que, seguramente, não faz parte de seu universo. Trata-se do espanto de uma burguesa alienada diante da decadência de um mundo que já esqueceu seus heróis. Ela também, outrora famosa, hoje esquecida.

O pai ausente é invocado reiteradamente. Esse pai "fujão", como ela chama, que foi comprar cigarro e não voltou mais, faz parte de suas mais doces lembranças. Lembranças que ela tenta concatenar num discurso coerente, mas que escapam ao seu controle. Ecléa Bosi, em seu conhecido livro, *Memória e sociedade: lembrança de velhos*, mostra que as lembranças não são revividas, mas sim reconstituídas em interação com o presente. Elas não ressurgem exatamente como foram vividas, mas impregnadas pelas experiências atuais. Ora, Rosa Ambrósio tem consciência de sua decadência – "Sou uma atriz decadente" (p. 19), diz ela –, e esta consciência vai colaborar na reconstituição de suas memórias, pois os processos memorativos se relacionam com os campos de significação da vida presente do sujeito que recorda. Assim, a apreensão plena e pura do tempo passado é impossível, como as "horas nuas" do seu projeto das memórias. A própria narradora se dá conta: "Rosa estendeu-se no divã e começou por dizer que as coisas na lembrança ficam tão mais belas. Viver infeliz na realidade e depois viver felicíssima na memória não seria a solução?" (p. 73).

O projeto das memórias, portanto, não se realiza, mas fica a narração de lembranças esparsas, organizadas, ou melhor, desorganizadas pelas contingências atuais. A narrativa começa pelo presente da enunciação: "Entro no quarto escuro, não acendo a luz, quero o escuro. Tropeço no macio, desabo em cima dessa coisa, ah! Meu Pai." (p. 9). São os discursos do gato Rahul e do narrador heterodiegético que darão organicidade ao romance. O narcisismo de Rosa Ambrósio, aliado a suas lembranças artísticas, suas atuações dramáticas, colaboram para a verossimilhança narrativa, construindo uma personagem que vive visceralmente o drama do **corpo envelhecido** na nossa sociedade.

O tempo é o grande eixo temático que percorre toda a narrativa, desde o título. O nome da protagonista, dentro desse contexto, remete à efêmera duração das rosas. O texto de Ronsard, corroborado pelo *carpe diem* de Horácio, faz a apologia do hedonismo, uma compensação ilusória diante da destruição do tempo. Vale a pena transcrever um trecho do discurso de Rosa, onde tudo isso fica, metaforicamente, registrado:

> Eu confessava que colhia as flores matinais e depressa antes que viessem as ventanias e as tempestades. Fui armando o meu enorme buquê, fui compondo o arranjo floral a meu modo quando então começaram os imprevistos, os sustos, ah! Como fugiram do meu controle as flores que foram murchando, as pétalas que foram caindo. Começaram a aparecer buracos. Mais buracos e o arranjo se desarranjou, perdeu o brilho e eu mesma, hem?! Onde a graça da colhedora da manhã? (p. 181).

O epicurismo, pregando o prazer como bem soberano, está presente nos momentos delirantes de Rosa, sobretudo quando paira a esperança da volta de Diogo, seu secretário e amante. "*Carpe diem*! Ordenei ao espelho a colheita imediata." (p. 177). Uma espécie de tábua de salvação diante da inexorabilidade do tempo.

Deixamos para o fim falar numa personagem importante, apesar de secundária. É Dionísia, a empregada, que cuida de tudo e de todos. Seu nome remete ao deus grego, filho de Zeus, pertencendo, portanto, à segunda geração dos olímpicos. Mas, contrariando o perfil do deus do vinho e do delírio místico, a personagem é crente e zelosa cumpridora de seus deveres. Ela pisa como o destino, e Rosa a considera seu "espelho verdadeiro". Associa o dever ao prazer e louva o Senhor com seus cantos. É o gato Rahul, com seu discurso organizado, que nos fala sobre Dionísia:

> Ao lado da geladeira, dependurou o calendário religioso que tem a estampa colorida do Cristo do coração sangrando. Com cuidado arranca o dia anterior já lido e vivido e vai buscar os óculos para ver de perto o novo dia. Lê o nome do santo. Pensa um pouco na frase para meditação e examina as fases da lua. (p. 52).

Mais uma vez a presença do tempo, mas sob outro enfoque. Dionísa "arranca" o dia já vivido e "vai buscar os óculos para ver de perto o novo dia". É isso que o texto procura passar. O delírio narcisista de Rosa Ambrósio, que não consegue aceitar a passagem do tempo, contrasta com a plácida aceitação de Dionísia, que, sem perder a consciência da finitude humana, se interessa pelo novo dia. *Carpe diem* atento, sem a sofreguidão da colheita de Ronsard, para quem a rosa só dura "da manhã até a tarde."[5] (trad. livre).

A consciência da passagem do tempo nos faz lembrar do conto de Clarice Lispector "Feliz aniversário", do livro *Laços de família* (1960), também uma excelente construção de **corpo envelhecido**. Aqui, a autora representa a velhice dentro do contexto social. Na festa de aniversário em que se comemoram os oitenta e nove anos de dona Anita, a família comparece para cumprir uma obrigação, sem que haja a menor afinidade entre seus membros. São pessoas – filhos, noras e netos – que nada têm em comum a não ser o parentesco que os reúne nessa comemoração. A festa é uma farsa para cumprir um ritual que se

---
[5] "du matin jusqu'à soir" ("A sa maitresse")

repete todos os anos. O clima é de total constrangimento, evidenciando a hipocrisia social presente em certas reuniões familiares. O próprio relacionamento com a aniversariante é reificado, como demonstra o trecho a seguir:

> E, para adiantar o expediente, vestira a aniversariante logo depois do almoço. Pusera-lhe desde então a presilha em torno do pescoço e o broche, borrifara-lhe um pouco de água de colônia para disfarçar aquele seu cheiro de guardado – sentara-a à mesa. E desde as duas horas a aniversariante estava sentada à cabeceira da longa mesa vazia, tesa na sala silenciosa. (p. 66).

Importa aqui ressaltar o drama vivido pela protagonista que, apesar de sua aparente passividade, tem consciência da farsa familiar que representam esses seres, "ratos se acotovelando, a sua família" (p. 72). É a sensação de ter falhado em seu destino de mulher; ela, "a mãe de todos", como "pudera dar à luz aqueles seres opacos, com braços moles e rostos ansiosos?" (p. 71). Ela sufoca de raiva diante daquela representação que não esconde, para ela, a falsidade dos relacionamentos. Por isso, depois de um momento de apatia – "A velha não se manifestava" – (p. 67), reage cuspindo no chão, como uma criança malcriada, partindo o bolo "com punhos de assassina" e exigindo um copo de vinho, com amargura e autoridade. "Que o diabo vos carregue, corja de maricas, cornos e vagabundas! Me dá um copo de vinho. Dorothy! Ordenou." (p. 72), A imagem desta mulher idosa, vivendo de favor na casa da filha, sem o autêntico carinho de seus familiares, provoca uma estranha revolução em Cordélia, a única personagem que se destaca, por sua postura sonhadora, em meio à mascarada familiar. Só ela capta a mensagem que a figura da velha transmite, pois é a única com o coração sensível, a partir do próprio nome, e por isso aberta a revelações. "É preciso que se saiba. É preciso que se saiba. Que a vida é curta. Que a vida é curta." (p. 75) Essa verdade, antevista por Cordélia num relance, como costumam ser as revelações claricenas, remete também para o Carpe diem horaciano e faz parte da experiência da velha aniversariante "de que uma mulher deve, num ímpeto dilacerante, enfim agarrar a sua derradeira chance e viver." (p. 75).

A velha senhora, com sua experiência de vida, sabe das coisas, mas pouco ou nada pode fazer, dependente como é dos familiares.

No livro *A via crucis do corpo* (1974), encontram-se dois contos que representam dramas vividos por mulheres idosas. Clarice Lispector, com irônica crueldade, constrói duas personagens, Maria Angélica de Andrade e Cândida Raposo, respectivamente de "Mas vai chover?" e "Ruído de passos". O primeiro começa evidenciando a diferença de idade: "Maria Angélica de Andrade tinha sessenta anos. E um amante, Alexandre, de dezenove anos." (p. 95). A urgência sexual faz com que ela satisfaça as ambições materiais do rapaz, sendo, ao final, abandonada por ele. A própria narradora interfere, comentando o grotesco da relação da velha senhora com o jovem rapaz:

> O que se passou em seguida foi horrível. Não é necessário saber. Maria Angélica – oh, meu Deus, tenha piedade de mim, me perdoe por ter que escrever isto! – Maria Angélica dava gritinhos na hora do amor. E Alexandre tendo que suportar com nojo, com revolta. (p. 97, 98).

Abandonada pelo seu objeto de desejo, a protagonista, ao final, é a representação do total aniquilamento. "Depois foi devagar sentar-se no sofá da sala. Parecia uma ferida de guerra. Mas não havia Cruz Vermelha que a socorresse. Estava quieta, muda. Sem palavra nenhuma a dizer." (p. 100). A imobilidade e a mudez remetem à imagem da morte, que a perda da satisfação sexual representa para ela.

A necessidade sexual que perdura apesar da idade é também o tema do conto "Ruído de passos". Aqui, a personagem Cândida resolve consultar um médico, porque seu "desejo de prazer não passava." (p. 69). Com oitenta e um anos de idade e viúva, ela tem a "vertigem de viver", o que, na situação dela, é dramático. O médico, com piedade, lhe diz que isso faz parte da vida e que não há remédio.

Temos, então, duas personagens, cujos nomes remetem ironicamente à pureza, escravas do desejo sexual que lhes atormenta a vida. Vejamos como Cândida tenta resolver seu problema: "Nessa mesma noite deu um jeito e solitária satisfez-se. Mudos fogos de artifícios. Depois chorou. Tinha vergonha." (p. 70, 71).

Simone de Beauvoir, em *O segundo sexo* (1949), dedica um capítulo à questão da mulher idosa. É verdade que, em função da época em que foi escrito, o livro muitas vezes se apresenta defasado, falando de práticas sociais felizmente já em desuso. Mas, no que diz respeito à mulher idosa, as colocações são bastante pertinentes ainda hoje. Comentando o caso das idosas que buscam nos jovens rapazes a satisfação de suas necessidades, diz a autora:

> Porém, mais romanesca do que lúcida, a amante-benfeitora tenta muitas vezes comprar uma miragem de ternura, admiração, respeito; persuade-se mesmo de que dá pelo prazer de dar, sem que nada lhe seja pedido (...). Mas é raro que a má-fé seja clemente durante muito tempo; a luta dos sexos transforma-se em duelo entre o explorador e o explorado no qual a mulher, desiludida, humilhada, se arrisca a sofrer cruéis derrotas. (p. 350, 351).

Não é esse o caso da personagem Maria Angélica do conto "Mas vai chover?" Só ela não percebe que está sendo explorada, como a narradora afirma: "Todos sabiam que o menino se aproveitava da riqueza de Maria Angélica. Só Maria Angélica não suspeitava." (p. 95).

A sexualidade das mulheres idosas ainda é um assunto tabu. No conto de Clarice "Ruído de passos", a personagem Cândida tem vergonha de falar ao médico sobre sua libido.

> Teve enfim a grande coragem de ir a um ginecologista. E perguntou-lhe envergonhada, de cabeça baixa:
> – Quando é que passa?
> – Passa o quê, minha senhora?
> – A coisa.
> – Que coisa?
> – A coisa, repetiu. O desejo de prazer, disse enfim. (p. 70).

O homem idoso normalmente escapa desse preconceito, pois a sociedade não exige dele nem frescor, nem doçura, nem graça, mas a força e a inteligência de um sujeito conquistador. Os cabelos brancos e as rugas não contradizem esse ideal viril.

Portanto, envelhecer é mais difícil para a mulher, uma vez que ela está escravizada aos ditames da indústria da moda. Como já dissemos, a condição de objeto erótico desfavorece a mulher. Se sexo é vida, ela não deveria se envergonhar de sua libido ainda ativa, como a protagonista do conto que só tem a esperar a "benção da morte." (p. 71).

Vimos como Rosa Ambrósio, protagonista de *As horas nuas*, ao ser afastada dos palcos em função da idade, entra em depressão agravada pelo alcoolismo. Excessivamente imbuída do hedonismo do *Carpe diem*, sempre embalada pela fama, não encontra sentido nessa nova etapa da vida. Vale sempre citar Simone de Beauvoir, no livro sobre *A velhice*. "Quando escapa às pressões de sua profissão, não percebe mais que um deserto à sua volta; não lhe foi permitido engajar-se em projetos que teriam povoado o mundo de objetivos, de valores e de razões de ser." (p. 663). Segundo Simone, a sociedade é a maior responsável por esse quadro, uma vez que sua política para a velhice é "escandalosa":

> É por culpa dela que a decadência senil começa prematuramente, que é rápida, fisicamente

dolorosa, moralmente horrível porque esses indivíduos chegam a ela (última idade) com as mãos vazias. Explorados, alienados, quando a força os deixa, tornam-se fatalmente "refugos", "destroços". (p. 663).

Essa acusação feita à sociedade, nos idos da década de 40, tem tudo a ver ainda com a nossa realidade, e pode mesmo nos ajudar a entender o drama da protagonista de "Feliz aniversário". Ela depende do apoio da família, cujos membros não lhe dedicam afeto nem carinho – "só no próximo ano seriam obrigados a se encontrar diante do bolo aceso." (p. 77). Simone de Beauvoir, no livro citado, insiste no fato de que o sistema, ao explorar o jovem, está contribuindo para uma velhice doente e "de mãos vazias", o que os textos analisados revelam, de forma dramática, a respeito do **corpo envelhecido**.

O CORPO REFLETIDO

> Respirou fundo
> Descalçou os sapatos
> Agarrou-se pedida nos metais.
> E com olhar viajante
> Já sem volta
> Ou perdão
> Embarcou suspirando
> Na balança
>
> *Marina Colasanti*

O romance de Fernanda Young *A sombra das vossas asas* (1997) se coloca numa posição intermediária entre a literatura considerada erudita, que goza do reconhecimento da crítica, e a literatura de massa, cujo consumo proporciona a evasão, o escapismo das mazelas do cotidiano. A história de Carina, protagonista da narrativa, se nutre não só dos elementos que compõem a indústria cultural, mas também de todos os valores que transitam pela mídia. O fato de a autora ser uma personalidade midiática, presente em corpo e ideias no écran televisivo, contribui, sem dúvida, para a inserção do romance neste universo. Mas isso não basta para fazer de *A sombra das vossas asas* um paradigma da literatura de entretenimento, uma vez que o desfecho da obra aponta o questionamento dessa ideologia, segundo a qual o mito da beleza impera. E essa problematização aproxima a narrativa da chamada literatura erudita.

Carina é uma jovenzinha gorducha e feia, extremamente carente, que se apaixona por um famoso fotógrafo de beldades e decide se tornar uma delas, a partir de um retrato de Lee Miller. O fato de se apaixonar por um fotógrafo de beldades torna a situação mais dramática. Mas ela é determinada e, através de uma série de recursos cirúrgicos e de uma parafernália de cosméticos, dietas e outros artifícios, alcança seu objetivo, tornando-se uma mulher bonita e atraente. O fotógrafo se rende totalmente a essa beleza e acaba literalmente destruído.

Onde o final feliz tão comum na literatura de entretenimento? Depois de muitas brigas e desentendimentos, Rigel, o fotógrafo, decide internar Carina por considerá-la uma doente mental; mas não suporta viver longe dela e volta ao sanatório para retirá-la de lá. Assumindo, como Sartre, que o inferno são os outros, apesar de eles serem necessários, ele se sente dependente dela, numa relação doentia. A narrativa termina com eles voltando juntos para casa, provavelmente para viver os mesmos desatinos de sempre:

> O carro retorna pelo **mesmo caminho** que veio. Eles estão em silêncio. Mal se olharam. Ela parece constrangida por ele vê-la dessa maneira, tão frágil, numa circunstância tão sem beleza. Preferia estar vestida mais adequadamente, uma roupa meio Zelda Fitzgerald; então ele saberia que não há ilusão no mundo, quando se está numa estrada que leva a um sanatório. (p. 267, grifo nosso).

A fixação pelo corpo, que domina a protagonista, se faz presente também aqui, quando ela se preocupa que Rigel a veja "tão sem beleza". Ora, é a beleza construída, projetada e planejada a responsável pela realização de seu sonho, que tem certo sabor de vingança, uma vez que no primeiro encontro com o fotógrafo, sendo ela ainda gorducha e feia, sofre seu desprezo. Daí a ideia de se transformar, o que passa a ser o drama de sua vida, pois, uma vez bonita e atraente, tem consciência de que não é a ela que Rigel ama, vivendo então um paradoxo insolúvel. "Ele não amava Carina, então. Amava a outra, que era ela. O jogo estava feito, algo metafisicamente drummondiano. Rigel amava a mulher que Carina modelou." (p. 99).

A transformação é total, fazendo dela outra pessoa: "Um furacão de mudanças despertou uma nova mulher" (p. 164). Cria-se um jogo de identidades, possibilitado pelo construcionismo da era pós-moderna; e fica no ar a questão de saber se esta construção vale a pena. Há uma justificativa para tudo isso. Os fatos narrados sobre a infância de Carina, solitária e sem mãe, até certo ponto explicam a carência de autoestima, que está na base de muitos desajustes. A falta do aconchego familiar faz dela uma pessoa má, dominadora e, ao mesmo tempo, decidida e determinada. O que não deixa de ser uma combinação perigosa, o que, de fato, se revela na narrativa. O resultado nos diz que o crime não compensa.

A tecnociência, que alimenta toda uma indústria, estrutura o drama narrado, pois possibilita a metamorfose de Carina.Naomi Wolf, em *O mito da beleza*, mostra como as mulheres, hoje, são escravas dos padrões estéticos veiculados pela mídia que, dessa forma, contribui para aumentar a insatisfação com o corpo real:

> As revistas femininas há mais de um século vêm sendo uma das forças mais atuantes no sentido de alterar os papéis das mulheres, e durante todo esse período – hoje mais do que nunca – elas sempre emprestaram charme àquilo que o sistema econômico, seus anunciantes e, durante a guerra, os governos precisavam naquele momento obter das mulheres. (p. 83).

Carina é vítima dessa manipulação e, ao achar o modelo ideal, se empenha de corpo e alma em copiá-lo. Diz o narrador através do discurso indireto: "Carina seria igual àquela mulher. Não queria nem saber, estava decidido. Queria ser Lee Miller. E nunca mais um fotografozinho idiota iria maltratar seus sonhos." (p. 55, 56).

Os avanços tecnocirúrgicos e as novas descobertas da medicina estética são empregados por Carina para conquistar Rigel, seu objeto de desejo. Ela planeja, diabolicamente, um encontro em que tudo é calculado em seus mínimos detalhes. O discurso crítico do narrador aponta os perigos que essa manipulação representa, desconstruindo identidades:

> Ela foi feita para Rigel, mas não lhe é a outra metade. É outra parte; e nem é de verdade. Mas a era em que vive, este tempo que um dia vai dar o que falar por suas singularidades e complexidades, consagra-se como a era do fake. E qualquer um pode ser como Michael Jackson. Carina não tinha uma gota de auto-estima. E como o cantor, que tanto fez que hoje não tem cor, é uma pessoa que não é ninguém. (p. 186).

Sendo Carina uma jovem independente e rica, tem a seu dispor os meios necessários para a realização de seu sonho. A sociedade de consumo em que vivemos induz os indivíduos à realização de incontroláveis e insaciáveis desejos, numa busca constante. Vivemos sob o signo do excesso, da profusão de mercadorias. Os comportamentos individuais estão enredados na engrenagem do extremo; daí o frenesi consumista, os esportes radicais, os assassinos em série, a anorexia, a obesidade, as compulsões e vícios.

O trecho do romance em que o narrador descreve todos os passos da paixão de Carina para atingir seu objetivo, num processo doloroso de autossacrifício, nos leva a pensar nos rituais sagrados em que a beleza tem o seu altar. É como uma religião onde não falta nem o sacerdote, improvisado na figura do médico. Em *A sombra das vossas asas*, o cirurgião, que transforma Carina, o faz de forma completa, uma vez que é com ele que a personagem tem sua primeira relação sexual. Naomi Wolf chama a atenção para o papel do cirurgião plástico no mito da beleza: "O cirurgião plástico é o símbolo sexual divino da mulher moderna, atraindo para si a adoração que as mulheres do século XIX professavam pelo homem deus." (p. 124).

A protagonista se submete, devotamente, aos ritos da beleza, crendo em sua ação redentora.

> Carina queria ser igual a Lee Miller. E após ter perdido 21 quilos sentiu-se segura o bastante para fazer a primeira investida cirúrgica: lipoaspiração. Litros e mais litros de gordura localizada foram tirados do corpo dela. Dos joelhos, quadris, glúteos, barriga, estômago, antebraços, queixo. Nesta última região, o médico sugeriu um processo chamado lipoescultura, um tipo de método modulante. (p. 102).

Para Lipovetski, em Os tempos hipermodernos, "até os comportamentos individuais são pegos na engrenagem do extremo" (p. 55), isto é, a escalada paroxista do "sempre mais", que se insere em todas as esferas da vida social. Para Carina, a transformação tinha que ser total, uma vez que carecia de autoestima. Por isso, ela fica em estado de graça diante dos primeiros resultados, como mostra o narrador:

> O efeito foi imediato: olhou-se no espelho e surgiu na cara dela uma felicidade enorme. Ficou satisfeita com o resultado. Ficou mais

> do que satisfeita, ficou a ponto de morrer de alegria (...). Ela chorou. Lágrimas abundantes que molharam todo o seu queixo novo. Nunca havia sido tão feliz. Este era, sem dúvida, o maior presente de sua vida. (p. 104).

A narrativa é fragmentada e o presente da enunciação nos mostra Rigel no apartamento vazio, há cinco dias sem Carina, completamente desestruturado em sua solidão. Ele, um fotógrafo bem-sucedido, amigo da ex-mulher e de sua filha, mas agora totalmente destruído, como diz o narrador: "Vítima de um emaranhado de sutis e meticulosos planos, vindos de uma mente diabólica. Isso mesmo, uma mente diabólica." (p. 16).

Vale aqui fazer considerações sobre o título do romance e das quatro partes que o compõem. O título bíblico é tirado do salmo de Davi, cujo trecho aparece como epígrafe da narrativa. "Quando, no leito, me veem vossa lembrança, passo a noite toda pensando em vós. Porque vós sois o meu apoio, exulto de alegria, à sombra das vossas asas". Estar à sombra das asas de Deus significa apoio e proteção, o que não se coaduna com a trama, nem com as personagens do romance, mas sim com a própria criação literária. A presença da autora na narrativa é um fato que nos leva a admitir esta interpretação; é como se ela pedisse a proteção divina para sua criação. Os títulos das quatro partes têm em comum a presença da cor e os aspectos sombrio, pálido e negativo que lhe são atribuídos. É como se a cor de tudo fosse prejudicada, neutralizada, apagada pelos acontecimentos, o que, sem dúvida, contribui para o clima da narrativa.

No que diz respeito à representação do corpo feminino, *A sombra das vossas asas* trabalha com o corpo refletido (*the mirroring body*), para usar a terminologia de Arthur W. Frank, em seu ensaio *For a sociology of the body: an analytical review*.

> O corpo refletido permanece previsível, mas por diferentes razões do corpo disciplinado. Este é bem-sucedido previsivelmente através da prática de seu regime. O corpo refletido será previsível na medida em que refletir o que está ao seu redor. O meio do corpo refletido é o consumo; baseado no consumo, o corpo

torna-se tão previsível quanto os objetos disponíveis para ele. (trad. livre).[6]

O **corpo refletido** está aberto ao mundo exterior, mas sua relação com este mundo é monádica (*monadic*), isto é, voltada para si mesmo, pois seus objetivos não se constituem fora de si. A assimilação sem limites dos objetos é uma forma de alienação, uma vez que fora do reflexo deste corpo não existe realidade. A estrutura da sociedade de consumo facilita esta alienação. Citando, mais uma vez, Arthur Frank: "Consumo é a reprodução monádica através do corpo, assimilando um mundo que existe somente para sua própria assimilação." (trad. livre).[7]

O **corpo refletido** é sempre desejante, a fim de manter sua carência consciente. A cultura do consumo encurta o tempo e o espaço entre o desejo e sua realização. O que vale é a reprodução eterna do desejo, num constante reflexo do corpo no mundo e

---

[6] The mirroring body finds it self to be predictable as it reflects that which is around it. The medium of the mirroring body is consumption; based on consumption the body becomes as predictable as the objectsm a deavailable for it. (p. 61).

[7] Consumption is the monadic reproduction of the body through its assimilation of a world which exists only for its own assimilation.

do mundo no corpo. Pode-se associar o **corpo refletido** ao mito de Narciso, uma vez que a alma narcísica deseja sempre estar unida ao próprio corpo.

O corpo de Carina é como um espelho que reflete a imagem de Lee Miller e de tudo aquilo que ela consome. Ela vai adquirir novos *habitus* que, segundo Bourdieu, através de certa mobilidade, refletem aparências de outras classes ou de outras pessoas.

Frequentemente, o narrador descreve Carina como imagem de uma atriz, de uma personalidade famosa, como um **corpo refletido**: "Uma mulher com a pele branca astênica. Com os olhos cercados de um cinza dramático. Dama das Camélias. Cheia de pulseiras e vestida com os figurinos de Sara Bernard em *A Santa Cortesã*." (p. 257). Mais adiante, comenta: "Uma louca que citava Foucault em francês. Que sabia provérbios em latim." (p. 257). Mas ela se preparou, conscientemente, para toda esta representação. Enquanto se recuperava das cirurgias, consumiu música clássica, livros e mais livros de arte, enfim, fez também uma transformação interna,"Pois, ao se transformar em outra pessoa, sua intenção não era meramente fútil – era a busca da perfeição. Em todos os sentidos, perfeita." (p. 103).

Mas essa "perfeição" é o reflexo de tudo o que havia à sua volta e que foi consumido para atingir o objetivo desejado.

> Consumir dezenas de colheres de aveia para que os intestinos funcionassem bem e, assim, a pele respondesse com mais beleza e jovialidade. Inclusive, a pele era um dos itens que mereciam mais atenção: todos os melhores cremes importados foram comprados. Fortunas torradas na Bibelô da Rua Augusta. Shishedo, Lâncome, Clarins. Protetor hidratante fator 15. Loção para combater a celulite Svelt da Dior. Cremes esfoliantes. Umectantes para cabelos tingidos. Reparadores capilares. Cremes para o pescoço. Cremes para as mãos. (p. 101).

Erica Schlude Wels, ao estudar a obra de Fernanda Young, fala da presença do mito de Narciso. De fato, ao espalhar pela casa cinquenta cópias xerox da foto de Lee Miller, espelho para a nova mulher que deseja ser, como diz a pesquisadora, a protagonista busca alcançar seus objetivos através do autorreflexo. Trata-se de um ser fraturado, que Erica chama de "rascunho de si mesma", numa evidente aproximação com o texto de David Le Breton, *Adeus ao corpo*, que aponta para o corpo construção:

> Não é mais o caso de contentar-se com o corpo que se tem, mas de modificar suas bases para completá-lo ou torná-lo conforme a ideia que dele se faz. Sem o complemento introduzido pelo indivíduo em seu estilo de vida ou suas ações deliberadas de metamorfoses físicas, o corpo seria uma forma decepcionante, insuficiente para acolher suas aspirações. (p. 22).

Segundo Le Breton, hoje o corpo é como um objeto imperfeito, um rascunho a ser corrigido. Daí o sucesso da cirurgia plástica, que visa a mudar este corpo para mudar a própria vida. Isso torna o ser humano mais feliz? *A sombra das vossas asas*, em que a autora condensou toda a parafernália consumista da vida moderna, todo o arcabouço tecnocientífico da medicina atual, serve de resposta a esta questão. Se Carina, com seu corpo reconstruído, consegue conquistar Rigel, a história deste amor planejado é uma grande farsa que não satisfaz a ninguém...

Nélida Piñon, em seu conto "Finisterre", do livro *O calor das coisas* (1980), constrói um **corpo refletido**, que se distingue da personagem Carina pela natureza dos bens consumidos. Uma protagonista, sem nome, provavelmente a própria Nélida, narra seu retorno à Galícia, onde reencontra seu padrinho, guardião da autêntica cultura galega. "Por isso vim à Ilha, recolher força e origem, terei então vida por tempo ilimitado." (p. 80).

Ao almoço, lhe são servidos siris, centolhos, mexilhões, amêijoas, vieiras, enfim, frutos daquele mar de tantas histórias, que a protagonista suga, devora numa ânsia de incorporar as tradições, as "referências culturais". O porco, criado com requintes culinários, também é consumido com devoção. "Com os olhos cerrados mastiguei a carne, garanti-lhe a sobrevivência na memória. Pelo resto da vida hei de cantar esta carne, padrinho." (p. 82).

Após o longo "repasto", palavra que nos remete a tradições arcaicas, o passeio pela Ilha continua a proporcionar à protagonista o contato com a terra, de onde saíra pequena e à qual retornava agora em busca de suas raízes. O contato físico com os velhos amigos aperta os laços afrouxados pela distância:

"Eu mastigava homens, mulheres, crianças, para não esquecê-los." (p. 84). Ela se esforça para guardar, na memória, sabores, cheiros, presenças humanas, que vão lhe garantir longevidade, não no sentido de vida longa, mas de permanência das tradições.

O padrinho, figura de patriarca antigo, é o cicerone da protagonista durante todo o tempo, apenas um dia, que ela passa na Ilha. No final do conto, as despedidas: "Adeus, gritei. Aquela Ilha era encantada, foi meu último pensamento depois que a distância nos separou para sempre." (p. 91).

O encantamento provocado por essa visita tem efeito transformador. "Devia respirar com naturalidade para apossar-me do próprio corpo, que aparecia novo agora." (p. 83). Ao consumir sabores, cheiros, presenças humanas, em contato com o padrinho (e não é à toa que ele é padrinho!), ela, recém-chegada de outro continente, se renova. Seu corpo reflete o que ela consome.

Como já vimos, o **corpo refletido** se vale do consumo e passa a refletir o que está a sua volta. Arthur Frank diz que este tipo de corpo está aberto ao mundo exterior, mas é monádico (*monadic*) na apropriação deste mundo. Através do consumo, o corpo assimila o que existe a sua volta. Seu desejo é tornar o objeto parte de si mesmo. Assim o objeto é o espelho no qual o corpo se vê refletido. Daí a voracidade com que a protagonista do conto consome as iguarias e tudo o que vê, no afã de conservá-los em si mesma, na sua memória.

Enquanto Carina consome toda a parafernália da medicina estética para atingir seus objetivos, a protagonista de "Finisterre" consome tudo o que a Ilha encantada lhe oferece, buscando incorporar a culta desta terra que acaba onde o mar começa. O conto é um hino de amor à cultura galega, com a qual a autora tanto se identifica.

O CORPO VIOLENTO

Guerreiras no desejo e desavença,
Multiplicadamente Diadorim.

Antonio Carlos Secchin

Elisabeth Badinter, em *Rumo equivocado*, mostra que a dominação masculina, apontada por muitas feministas como universal e eterna, cria o vitimismo feminino, extremamente prejudicial ao movimento de libertação das mulheres. Ela pergunta se não se terá usado a "retórica da vitimização" na direção errada e se não "teria valido mais a pena lutar passo a passo em todos os campos, privado, público e profissional, que são maculados pela desigualdade" (p. 149), em vez de sempre acusar os homens. O perigo maior que a autora percebe no enfoque universalista dado à dominação masculina é a volta ao essencialismo, isto é, a anatomia como destino. Diz ela:

> Todos os maiores avanços realizados nas últimas décadas deveram-se à desconstrução audaciosa do conceito de natureza. Não para negá-la, como se disse muitas vezes, mas para recolocá-la em seu justo lugar. Com isso, ofereceu-se a todos uma liberdade sem precedentes em relação aos papéis tradicionais que definiam o gênero. (p. 150).

Ao condenar o essencialismo, Elisabeth Badinter mostra a importância da cultura na construção das diferenças, dizendo que "há muito menos diferenças entre um homem e uma mulher de igual condição social e cultural do que entre dois homens ou duas mulheres de meios diferentes." (p. 159).

Essas considerações nos ajudam a aceitar a presença do **corpo violento** representado por personagens femininas. É o caso de Rísia, protagonista de *As* *mulheres de Tijucopapo* (1980), de Marilene Felinto. Aqui, a violência é a mola propulsora que leva a personagem a fazer a revolução, juntando-se às mulheres guerreiras de Tijucopapo. A própria linguagem está impregnada de semas violentos, como expressão de uma subjetividade amarga, que busca na luta o resgate da dignidade perdida.

No final da narrativa, depois de uma trajetória de pobreza, sofrimento e abandono, ela chega a Tijucopapo; essa simbólica viagem de nove meses remete ao renascimento da personagem, agora refeita, reintegrada a suas raízes e pronta para a luta:

> Uma paisagem revolucionária de mulheres guerreiras. Eram mulheres que não eram minha mãe. Essas mulheres, que não eram minha mãe, tinham a sina das que desembestam mundo adentro escanchadas em seus cavalos, amazonas defendendo-se não se sabe bem de quê, só se sabe que do amor. Só se sabe que do que o amor as fez sofrer. Só se sabe que do que o amor as fez traídas. Mulheres na defesa da causa justa. (p. 131).

A insistência da narradora em estabelecer a distância entre as mulheres guerreiras e sua mãe é significativa. Seu discurso é todo ele marcado pela revolta contra o pai e pelo seu sentimento de impotência diante do sofrimento da mãe, sempre passiva:

> Quando dava meio-dia, hora de minha escola, mamãe se metia a fazer tranças no meu cabelo chorando de dor de cabeça. As lágrimas escorriam por seu rosto e as tranças se dependuravam pesadas por minhas costas. Mamãe chorava. Às vezes era alto. Ela dizia da dor de cabeça. Mas para mim era papai. Eu sabia que era. Ela chorava lá as minhas tranças e eu ia para a escola como uma enforcada se derretendo em brilhantina. Nunca mais pude gostar de tranças. Nunca mais quero meio-dia a hora de minha escola. (p. 22).

O nascimento da mãe marca o início de uma herança sofrida: "Minha mãe nasceu. Tenho assim um começo." (p. 54). Essa mãe dada, traída, espezinha e mal tratada, nascida em Tijucopapo, vai ser vingada por Rísia, "feita de lama imunda", cujo corpo está marcado pelo negro tijuco. Dessa forma, ela se identifica com as mulheres guerreiras, "mulheres da matéria do tijuco, cabelos grossos arrastando pela crina do cavalo, escanchadas no lombo do bicho sem sela, amazonas." (p. 56).

Sua sede de vingança remonta aos tempos de infância: "É que quando eu era pequena alimentei durante todo o tempo a ideia de matar meu pai. Não matei. Não o matarei mais. Mas ficou a vontade, essa de matar um." (p. 16). O ódio que ela sente pelo pai, além de veemente, extrapola a figura paterna, atingindo o patriarcado e tudo o que ele representa de violência e repressão. Seu grito de revolta é contra a autoridade do pai na família nordestina: "Papai, fique sabendo que aqui sou eu quem tem um salário tão alto quanto o seu salário. Que eu sou quem eu quiser ser. Que você já não existe desde os meus cinco anos de idade. Que, se é como autoridade que você deseja existir, saiba que você é um merda pura." (p. 87).

Seu ódio contra os homens – "Me dá tanta raiva que eu chamo todos eles de filhos do cão" (p. 68) – a leva de volta às suas raízes, "onde a praia vira lama" (p. 55), e a faz participar da revolução contra todos os culpados. Ela justifica sua revolta:

"Vim fazer a revolução que derrube, não o meu guaraná no balcão, mas os culpados por todo o desamor que eu sofri e por toda a pobreza em que vivi." (p. 106, 107).

Tijucopapo figura na mitologia pernambucana como símbolo de resistência. Em 1646, durante a invasão holandesa a Pernambuco, sem ter o que comer, os flamengos da Nova Holanda invadiram a pequena vila de Tijucopapo, hoje município de Goiana, a 63 quilômetros de Recife. Conta a lenda que, sem armas de fogo, as mulheres do lugarejo enfrentaram a tropa com panelas e pimenta e venceram a batalha. Marilene Felinto construiu sua narrativa a partir desse passado de luta e de vitória, fazendo da sua protagonista uma guerreira. Na carta que escreve à mãe, no final da narrativa, diz ela:

> Nós vamos em busca da justiça das luzes, e caso haja destruição, é porque nós viemos de regiões assim, agrestes, de asperezas de alma, de docilidade nenhuma, de nenhum beijo e nenhum abraço, de tiquinhos de comida na cuia e de lombrigas na barriga, e de sede, mamãe, de insolação e forca no caminho para

a escola, de não saber mais da própria vontade
– de não saber se íamos à escola ou se fazíamos
alguma coisa da vida. (p. 135).

É importante observar que são as regiões agrestes, com suas carências de todo tipo, as responsáveis pelo sentimento de vingança da narradora. O que justifica o **corpo violento**.

A mãe sofrida passa sempre para a filha a impossibilidade de qualquer afeto, de qualquer realização, através da pergunta-constatação que lhe faz: "Você pensa que o céu é perto?". Na carta, que Rísia gostaria de ter escrito em inglês, porque lembraria um final feliz de filme americano, ela responde à pergunta, constatando que "o céu, portanto, era perto, mamãe." (p. 136); isso pode não significar um *happy end*, mas, sem dúvida, sinaliza uma possibilidade de mudança. A ironia contida na referência ao final de filme em língua inglesa não desconstrói a vontade firme da narradora de que tudo lhe termine bem. Esse **corpo violento**, feito de lama – "E vou confessar a lama de que sou feita" (p. 83) –, renasce ao contato de suas raízes nordestinas e se refaz no propósito de vingar sua herança sofrida representada, sobretudo, pela figura materna. A história das mulheres guerreiras de Tijucopapo serve de inspiração para que se reverta o quadro de uma vida de opressão e sofrimento.

O romance de Marilene Felinto bota por terra, portanto, o maniqueísmo baseado na dominação masculina, que faz da violência um triste privilégio dos homens contra a docilidade e passividade femininas. Para terminar, cito o final do ensaio de Regina Dalcastagnè, "No caminho de Tijucopapo", que se encontra em *Entre fronteiras e cercado de armadilhas*, texto que enfatiza a ambiguidade de Rísia, dividida entre a opulência da vida paulistana e a miséria nordestina, mostrando que ela não se submete a nada na sua ânsia de vingança: Toda a sua fala é, de algum modo, uma resposta a gestos alheios. Resposta violenta, impregnada de cólera, uma vez que consciente das implicações do outro na constituição de sua identidade.

> Toda a sua fala é, de algum modo, uma resposta a gestos alheios. Resposta violenta, impregnada de cólera, uma vez que consciente das implicações do outro na constituição de

sua identidade. É uma "resposta violenta" porque gerada pela violência do meio em que viveu. (p. 122).

A personagem do *Memorial de Maria Moura* (1992), de Rachel de Queiroz, é outro exemplo de **corpo violento**, uma vez que, vivendo no século XVIII, rompe com o "destino de mulher" e investe num projeto de vida perigoso. A afirmativa "era sempre ou eles, ou eu", reiterada inúmeras vezes pela protagonista, justifica seus atos, dando bem a medida do drama de Maria Moura, impossibilitada de conciliar a conquista do poder com suas necessidades afetivas.

De natureza memorialista, porém com vários focos narrativos, a protagonista narra como saiu de casa, botando fogo na propriedade, numa forma ostensiva de ruptura com a opressão do passado. Assumindo os padrões comportamentais masculinos, corta o cabelo, modifica seu visual e dá início a uma existência de aventuras, de marginalidade e de crimes. Desta forma, Maria Moura recusa o destino imposto à mulher pela sociedade e representado por Marinalva, sua prima, que traz no nome a pureza ideal. Esta personagem, enquanto solteira, era prisioneira dos irmãos e, depois de um casamento feito às escondidas, se submete ao marido, *trainee* de atirador de facas...

Maria Moura, ao incendiar e abandonar a própria casa, realiza o sonho de conhecer o mundo, recusando a prisão/ proteção do lar:

> O mundo lá fora era grande e eu não conhecia nada para além das extremas do nosso sítio. E tinha loucura por conhecer esse mundo. Quando menina ainda, saía pela mata com os moleques, matando passarinho de baladeira, pescando piaba no açudinho, usando como puçá o pano da saia. Mas, depois de moça, a gente fica presa dentro das quatro paredes de casa. (p. 62).

Depois de um longo e perigoso percurso, chefiando um bando cada vez maior de marginais e transgressores, Maria Moura chega à sesmaria de Fidalga Brites, na Serra dos Padres. Essas terras, produto de uma herança perdida no tempo, têm enorme importância, representando a sedimentação do poder conquistado a duras penas. Constrói ali a Casa Forte e se estabelece como dona absoluta, cujo poder é enfaticamente reconhecido por todos: a Dona Moura, "que dá coito às pessoas perseguidas; e não tem homem, nessa ribeira toda, que se atreva a vir atrás de alguém que esteja debaixo de sua proteção." (p. 338). Mas a conquista do poder não a satisfaz plenamente. Simone de Beauvoir, em *O segundo sexo*, já havia destacado o conflito da mulher liberada:

> O privilégio que o homem detém, e que se faz sentir desde sua infância, está em que sua vocação de ser humano não contraria seu destino de homem. Da assimilação do falo e da transcendência, resulta que seus êxitos sociais ou espirituais lhe dão um prestígio viril. Ele não se divide. Ao passo que à mulher, para que realize sua feminilidade, pede-se que se faça objeto e presa, isto é, que renuncie a suas reivindicações de sujeito soberano. É esse conflito que caracteriza singularmente a situação da mulher libertada. (p. 452, v. 2).

Maria Moura, ao se apaixonar pelo traidor Cirino, um de seus protegidos, põe em risco o poder conquistado; e como seu lema, desde o início, foi "ou é ele, ou sou eu", depois de uma dolorosa luta interior, manda matá-lo. A autora, nesta passagem, se esmera, apresentando o confronto de duas forças violentas: o amor por Cirino, que a fragiliza – "Custei a acertar com o buraco da chave. E os dedos trêmulos não tinham força para movimentar a mola forte da fechadura." (p. 458) –, e seu desejo de vingança por se sentir traída e ameaçada por ele – "Eu consegui olhar bem dentro dos olhos dele, com a garrucha ainda colada ao corpo, para me dar firmeza à mão trêmula." (p. 459). A garrucha, símbolo fálico, lhe dá a força necessária para superar sua carência afetiva e realizar o projeto de morte.

Segundo a autora, o romance foi inspirado na vida de S. M. Elizabeth I, rainha da Inglaterra (1533-1603), que mandou executar o conde Essex, seu favorito, tendo descoberto, entre os excessos cometidos na luta pelo poder, a tentativa de golpe contra ela.

Os atos violentos fazem parte da vida de Maria Moura, que ainda jovenzinha arma uma emboscada para dar fim ao Liberato, suspeito da morte de sua mãe, e ao Jardilino, executante do crime.Nunca é ela quem mata, mas é quem fornece a arma e inventa uma história em que aparece sempre como donzela desvalida.

> Assim morreu Jardilino, quase do mesmo jeito de que tinha o morrido o outro, o Liberato, com um tiro do próprio bacamarte dele. E a garrucha, meu pai devia ter deixado para defender a filha dos ataques de homem, que é coisa que não falta à mulher, neste mundo. (p. 32).

A trajetória de Maria Moura é, do princípio ao fim, uma enfiada de mortes que ela comanda mas não executa, sendo sempre mandante de crimes violentos, que visam a manter o poder conquistado. Esta personagem e Rísia, de *As mulheres de Tijucopapo*, rompem com a ideia de "vitimização feminina", mostrando que as mulheres podem ser tão violentas quanto os homens. Elizabeth Badinter já dissera que as diferenças entre os sexos são apenas culturais:

> Há um mal-estar diante da generalização em dois blocos opostos: a classe das mulheres e a classe dos homens. Não equivalerá isso a recair na armadilha do essencialismo, contra o qual as próprias feministas tanto lutaram? Não existe uma masculinidade universal, mas masculinidades múltiplas, assim como existem múltiplas

feminilidades. As categorias binárias são perigosas, porque apagam a complexidade do real em benefício de esquemas simplistas e restritivos. (p. 53).

O CORPO DEGRADADO

> Chamam-me puta por ser filha espúria
> De um pai que sabe bem do meu molejo.
> Mas injúria alguma me faz ter pejo
> Que eu não sou mulher de tecer lamúria
> Sou filha do prazer, sua cabrocha,
> A quem traio até com meu tio coxo.
> Aceito tudo, exceto o prazer xoxo
> Daqueles que são fieis como uma rocha.
>
> *Ricardo Thomé*

A leitura dos contos de Márcia Denser, dos livros *Tango fantasma* (1976) e *Diana caçadora* (1986), nos choca pelo tratamento dado ao corpo, em sua representação ficcional. O discurso crítico da narradora, quase sempre em primeira pessoa, não deixa pedra sobre pedra, numa crítica feroz à sociedade paulistana de forma geral, mas sobretudo às relações sexuais, em que o corpo é tratado de forma aviltante.

Essa representação degradada do corpo nos remete à história do Cristianismo, em que, se a fé cristã, por um lado, acredita num Deus que se tornou corpo, carne, por outro lado evoluiu para uma prática e postura de hostilidade ao corpo. Este parece ter sido valorizado apenas no início, uma vez que Jesus, em suas curas, não somente toca os corpos, mas subverte o conceito de puro e impuro. Para o apóstolo Paulo, entretanto, entre o corpo e a carne, que é o corpo ferido pelo pecado, há coisas não resolvidas, que os tabus tradicionais, os ideais ascéticos e a tradição dualista solucionaram marginalizando as mulheres, com base na latente impureza de seus corpos. Por isso, elas foram mantidas à distância dos sacramentos, enquanto para os homens exigiu-se apenas a abstenção das relações sexuais. A associação entre pureza e sacerdote veio a tornar-se um traço característico da Igreja Católica, culminando com a lei do celibato.

O pensamento hebraico, que marcou o Novo Testamento, para o qual não existe separação estreita entre corpo e alma, foi substituído por neoplatonismo, que via no corpo a prisão da alma. Com a desvalorização do corpo, a mulher também foi desvalorizada; com o desprezo pelo corpo cresceu também o desprezo pela mulher. O *Dicionário de teologia feminista*, em seu verbete "Corpo da mulher/ corporalidade", registra uma citação de Agostinho, que se tornou um princípio clássico do Cristianismo: "Reta é a casa onde o homem ordena e a mulher obedece. Reto é o homem no qual o espírito domina e a carne se submete." (*Corpus Cristianorum*, v. 36, p. 18).

O dilema da mulher, dividida entre corpo e espírito, se reflete no ideal de Maria, que foi sexualmente pura, virgem e mãe a um só tempo; porém, um ideal irrealizável. O citado verbete mostra como o feminismo contribuiu para a valorização do corpo e, consequentemente, das mulheres:

> Hoje são importantes sobretudo as intuições que as mulheres adquiriram em seus movimentos de ruptura. É comum a estes a crítica à coisificação ou despersonalização do corpo, a uma fixação

> coital da sexualidade, ao dualismo e ao consumismo. Nesta nova visão o corpo aparece como o lugar do encontro entre pessoas humanas, como lugar da Encarnação, como o espaço a partir do qual nós pensamos, já que todo conhecimento é corporalmente intermediado, como lugar que reflete nossa história individual e política e como lugar a partir do qual a vida é transmitida. (p. 66).

A crítica à reificação do corpo encontra-se, de forma obsessiva, nos contos de Márcia Denser. Suas personagens femininas, respectivamente Madalena, de *Tango Fantasma*, e Diana, de *Diana caçadora*, estão sempre envolvidas em relações sexuais, sem nenhum prazer, aguilhoadas por um desejo que jamais se satisfaz. O conto "Luz vermelha", do primeiro livro, termina com as seguintes palavras da personagem narradora: "Vagando em círculos: como alguém, perpetuamente, mordendo o próprio rabo." (p. 16). É uma espécie de condenação, em que o sexo se esgota em si mesmo, não produzindo nenhum prazer. As protagonistas dos contos sugerem a imagem circular e sempiterna da uroboro, serpente cósmica que morde sua própria cauda. As relações sexuais, em moto perpétuo, quase sempre alimentadas pelo álcool, degradam o corpo e destroem todo e qualquer vestígio de dignidade humana. Um bom exemplo é o conto "O animal dos motéis", de *Diana caçadora*, onde a protagonista vê a si e ao parceiro, refletidos no espelho, como "uma espécie de confuso coquetel de siris assados (...) o animal mitológico, a quimera que se arrasta interminavelmente na madrugada ao som de Roberto Carlos." (p. 47, 48).

Márcia Denser constrói suas histórias em torno de uma mesma personagem. Em *Tango fantasma*, há uma analogia muito clara entre a personagem Madalena e a Maria Madalena da história bíblica. Como se não bastassem os fatos vividos pela protagonista, o livro se abre com um poema que questiona a versão da "grande pecadora", sem apontar, no entanto, nenhuma saída.

> Como sentir-me Madalena, a adúltera Bíblica,
> Puta mais temida do universo?
> É possuir o elemento amoral e gratuito?
> É imolá-lo aos meus caprichos, ignorando
> Sua existência e seus quereres?
> É servir-me de você e depois destruí-lo

Com um sorriso de carinho supremo?
Seu ódio ser meu maior prazer?
É sentir prazer?
Sua solidão não compensar a minha?
É não desejar compensações?
É ter a marca de Caim?
E quem é Caim?
É estar inocente, pois perpetuada aos pés
De um Cristo Homem?
É possuir o estigma dos cabelos
Sobre lágrimas?
É mesmo?
Ou debaixo delas, perpetuamente,
Estar rindo?
Hein?
(p. 11)

Na história bíblica, a imagem de Maria Madalena está envolvida em certa ambiguidade, uma vez que ela é considerada "testemunha da ressureição", mas também identificada como "a grande pecadora", o que favoreceu, de modo especial, sua desqualificação. Assim, a imagem da primeira e mais importante mulher da jovem cristandade foi prejudicada. Acusada de "desregramento sexual", foi vista como uma meretriz exuberante. Paralelamente ao seu rebaixamento à condição de prostituta, teve início a ascensão de Maria, mãe de Jesus, à categoria de santa. O modelo da amizade entre uma mulher e Jesus passou a dar lugar ao modelo primitivo da maternidade biológica. O destino de Maria Madalena caracteriza o desenvolvimento da Igreja patriarcal que, em lugar de aceitar o corpo e a sexualidade, procura desvalorizá-los, conferindo-lhes uma conotação negativa.

A protagonista de *Tango fantasma* sofre no próprio corpo esta desvalorização. Significativamente, o conto que abre a coletânea inaugura a vida sexual de Madalena, que vai, de conto em conto, cada vez mais se degradando. Na cama, após seu primeiro ato sexual, que nada lhe acrescenta, enquanto o parceiro dorme, ela pensa na vida e recusa todo e qualquer vestígio de formação moral:

> Para de olhar essa silhueta recortada no teto, gritando para fazer isso, não fazer aquilo, lembrando que me criou, alimentou, se matou por mim... Não. Não lembro. Cala a boca que agora isso não tem mais importância... Agora

eu sou uma mulher bonita, viu? Agora tenho os
homens. (p. 14, 15).

É como se fosse a libertação de uma vida reprimida; mas, de fato, vem a ser o início de uma trajetória decadente, que já se vislumbra neste primeiro conto, quando a protagonista se questiona: "Então foi pra isso que deixei de chupar o dedo?" (p. 16).

As descrições dos parceiros e do espaço constroem um universo degradado, em que o corpo da protagonista se insere como produto, vivendo uma sexualidade compulsiva, mecânica, motivada pelo álcool. O "anãozinho" que se esvai em "mornas espumas pegajosas" (p. 13), o "cara de mameluco, dentes falhos de gaúcho cavalo" (p. 17), o "velho pelado: coisa horrível! Baixinho, um composto de flacidez miúda e pelancas giratórias" (p. 59) interagem num espaço marcado pela sujeira, pelo mau cheiro e pelo desleixo, como a descrição feita pela personagem Anjo, do conto homônimo:

> Horrível. Sofá velho cor de bosta meridional, mesinha de centro com o indefectível vasinho de flores de plástico encardidas, no quarto,

aqueles móveis pesados e escuros, cama de casal coberta por uma ridícula colcha chinesa e o colchão calombento, feito (ai! de capim), feito uma estrada do Mato Grosso... (p. 31).

"Prédios velhos", "escadarias sujas e estreitas", "cheiro azedo", "sofá cama cor de fundo de lata de lixo", onde até a boneca guardada traz as marcas da degradação:

> Embolorada, vestido em trapos, louça descascando. Nos ralos fiapos de cabelo um pó acinzentado aglomerara-se em bolinhas, como minúsculos piolhos mumificados. Debaixo da franja dura dos cílios negros, reencontrou aquele petrificado brilho azul de seu olhar... (p. 61).

O espaço degradado interage com o ato sexual – "os dois numa estreita cama dura, capim picando por baixo do cobertor áspero e surrado" (p. 91) –, que tem sempre uma conotação negativa. Veja-se, por exemplo, o comentário da protagonista, durante sua relação com o parceiro: "Lutava vagamente contra a sensação de uso e abuso, de perdas e danos, de engano, de copo d'água que, matando a sede, transforma-se rapidamente na urina podre" (p. 19); ou, mais uma vez, a figura da uroboro mordendo o próprio rabo: "Minha cabeça de cambalhota penetra através de minhas coxas completando o teu, o meu, o dele, o nosso, o rabo universal que mordemos ..." (p. 98, 99). Obsceno e trágico ao mesmo tempo!

A protagonista tem consciência da própria degradação, de estar fazendo "o trabalho sujo" pela donzela com quem o parceiro vai se casar: "Deixar que o façam por mim, homens como este, deixar que me puxem para baixo, esfreguem-me a cara na minha própria merda e quanto mais me degradarem, mais adorá-los" (p. 23). Sente-se como a "cadelinha mordendo o próprio rabo" (p. 73), na eterna busca de um prazer não alcançado.

O ato sexual é o ápice da degradação, em que a beleza da protagonista, tão cuidadosamente preparada, se "despenca" no corpo a corpo: "o espelho (...) refletia um corpo tão bem feito, uma pele tão macia, tão fielmente quanto refletia as faces borradas, caracóis arrepiados, cílios descolando. Cara de prostituta submetida a uma estética corporal." (p. 22) A mulher que João encontra chega a assustá-lo com sua "cara de boneca cuja cera derretera-se em crostas, arremedo de superfície lunar, forrada de bolhas e crateras tão profundas que dentro delas caberia um dedo." (p. 42). É a estética do feio e do grotesco, dentro de um universo ficcional muito semelhante ao de Dalton Trevisan. Aqui também as personagens são impelidas pela necessidade sexual, numa busca incessante do prazer. Basta lembrar da personagem Nelsinho, de *O vampiro de Curitiba*, "cão sarnento atormentado pelas pulgas, que dá voltas para morder o rabo." (p. 14).

Márcia Denser deu ao seu primeiro livro o título de um conto que encerra a coletânea, "Tango fantasma", alusão à música que esteve muito presente na infância da narradora e que permanece em sua memória. Trata-se de um conto em que a narrativa dialoga com letras de tangos, dançados por seus pais, aos quais a menina "emburrada" assiste, às escondidas. Com *Diana caçadora*, publicado dez anos depois, a protagonista de todos os contos se chama Diana Marini e sua principal distração é caçar homens. Inspirada na mitologia romana, onde a deusa da caça, Diana, corresponde à Ártemis helênica, essa personagem é construída de forma mais contundente que a Madalena do primeiro livro. O discurso da narradora, quase sempre a própria protagonista, é mais crítico e demolidor, chegando às vezes ao caricatural. Assim diz ela, falando de si própria: "Estivera fazendo hora no toalete com minha caixa de maquiagem e eu demoro uns dois anos só no setor cílios. É um sacrifício quando os pelos grudam e se tem de separá-los com ponta de alfinete, um por um." (p. 121). A deusa Diana, filha de Júpiter e Leto, obtém de seu pai manter-se virgem e este lhe dá flechas e um cortejo de ninfas, fazendo-a rainha dos bosques. Esta deusa agreste é representada de vestes curtas, pregueadas, com os joelhos descobertos, caçadora esbelta e jovem, mas sombria e vingativa. O que, até certo ponto, representa o avesso da nossa protagonista, uma vez que, nos contos, ela acaba sempre caçada e destruída.

Os nove contos de *Diana caçadora* constroem a trajetória de uma mulher de aproximadamente trinta anos, jornalista inteligente e liberada, que busca se encontrar através de relações efêmeras e ocasionais. A disposição dos contos é reveladora na medida em que, por meio de situações análogas, a personagem narradora sofre um crescente processo de degradação. Da parceria com intelectuais, em "Welcome to Diana" (primeiro texto da coletânea), à situação limite vivida em "Relatório final", Diana percorre caminhos que a levam, sistematicamente, ao abandono e à solidão. Os homens, sempre vampiros – "caninos pingando sangue" – pertencem às mais variadas classes sociais, embora comportem-se da mesma forma, deixando-a ao final, com sua "complacência fingida", "só e desamparada".

Diana resvala, portanto, progressivamente, para o fundo do poço; sempre alcoolizada, parece se submeter a um destino trágico, como ela mesma reconhece: "É como uma sina." Ou isto ou a solidão das noites de insônia. A ironia é seu recurso contra o sistema que a quer devorar e são poucos os momentos em que, com extrema lucidez, reconhece melancolicamente sua trágica fatalidade:

> Casa de espelhos para onde torno e retorno, devolvida a mim mesma, labirinto especular no qual continuo vagando, os pés feridos nos meus próprios cacos, armadilhas obstinadas a me reter, infinitamente, destruir-me, reconstruir-me, incessantemente, em dor e em pó. (p. 29).

Ter os pés feridos nos próprios cacos é ferir a si mesma, como a cadelinha que morde o próprio rabo; é o destino trágico de uma mulher jovem que de "caçadora" passa, sistematicamente, a presa. O conto "O vampiro da Alameda Casabranca", entre outros, é um ótimo exemplo da degradação a que chega, ao final, a protagonista. Como sempre, o parceiro escolhido é descrito negativamente: "Um guru de fachada, meio sobre o charlatão cósmico, adepto que era de uma esotérica seita oriental, babaca como tantas outras, e usando tudo isso em proveito próprio." (p. 55). Depois de vários programas, Diana acaba na cama com o tal "guru", ambos totalmente alcoolizados e drogados, buscando o prazer sexual – "o prazer puro, o prazer puro" (p. 62) – numa ânsia eternamente insatisfeita. Depois de um sono nauseado, veste-se e vai para a rua: "Porra, estava, livre. Leve. Livre." (p. 62, 63). Doce ilusão. Ao final, com seus pertences roubados, só lhe resta voltar para o apartamento do tal vampiro:

> Vomitei espasmodicamente num canteiro de hortênsias. Resolvi voltar para casa. Lá pagariam o táxi. Então lembrei: estavam todos

> viajando. Todos os amigos, todos os sujeitos, todas as amigas etc. Eu estava sem a bolsa, sem as chaves, com frio, fome e precisando de um banho. No táxi, suspirando, dei o endereço de Klaus. (p. 65).

Diana tem uma personalidade narcísica; no seu universo dionisíaco e degradado, toda realidade circundante parece um reflexo dela mesma. Ao olhar para o outro, como um reflexo, o que ela vê não é o próximo, mas a si mesma. "O mundo inteiro como prolongamento de mim mesma..." (p. 33). Busca no outro sua identidade, mas, como seus relacionamentos são fugazes, sua identidade não se configura, não se fixa: "...as minhas mãos, mãos sem nome, sem legenda..." (p. 232).

O tempo é visto como inimigo, pois o narcisista sente angústia de envelhecer. Por isso, o futuro é apocalíptico, o passado não existe e apenas o presente é uma realidade. E, por não encontrar conforto na continuidade do tempo, como o narcisista, Diana inveja a juventude e sua relação com jovens rapazes revela a ânsia de identificação com eles, embora tenha sempre presente a distância que os separa:

"Não queria ver aqueles olhos, não queria ver aquele rosto, não queria ver aquela expressão especialmente perversa, infantilmente perversa, não queria me sentir velha demais, o outro lado do espelho desse rosto, cuja expressão também já fora minha..." (p. 74).

Por desejar manipular as relações em que se envolve, Diana tem medo da dependência emocional. Não suporta a ideia de ter de se submeter aos desmandos de um cônjuge. É como se o sistema patriarcal a sufocasse e ela, carente e perdida, preferisse outros caminhos ilusoriamente mais satisfatórios. "Cuecas no meu bidê, contas conjuntas e tudo o mais?", pergunta ela ao analista, que lhe aponta as vantagens de um ombro amigo, mas não consegue convencê-la, pois encontraria "fatalmente, mais tarde, a solidão." (p. 29). Suas relações interpessoais, em consequência deste medo, são como as do narcisista: fugazes, amores livres e promíscuos. Diana caçadora, esta mulher faminta e voraz, torna-se caça: lograda e insatisfeita, é usada violentamente pelo sistema.

O teórico americano Christopher Lash, em *A cultura do narcisismo*, esclarece determinados procedimentos quem compõem o chamado "tipo narcisista", comum na vida e na literatura de nossos dias. De acordo com Lash, numa época como a nossa, em que há efetivamente um sentimento apocalíptico de aproximação de um fim de mundo, surge, no comportamento das pessoas, uma preocupação contínua com a sobrevivência de cada um. Tal determinação de sobrevivência leva os atos do cotidiano a um interesse narcísico pela individualidade. Este empenho não se confunde simplesmente com o egoísmo (característico do ser humano em qualquer época da História), mas é essencialmente uma defesa contra os impulsos agressivos. Assim, a personalidade narcísica de nossos dias é um exercício de sobrevivência, no qual o indivíduo procura minorar os efeitos destrutivos que sobre ele exerce a cultura. A continuidade do tempo não lhe traz conforto: não se interessa pelo passado nem pelo futuro; o tempo em que se encontra é o seu lugar. Sua continuidade fica, portanto, fragmentada, e com ela seu ego é estilhaçado. Sua história, sua memória, fundamenta-se no presente imediato. Sua autoestima requer que a sociedade o admire, e como esta valoriza a juventude, a beleza e a celebridade, este indivíduo possui um extremado horror à velhice e à morte. Ao defrontar-se com pessoas mais jovens, acaba por menosprezá-las, uma vez que vê nelas a própria mocidade perdida. Sua vida é o tempo presente, suas emoções são o aqui e o agora. Perseguido pela ansiedade, pela solidão, por uma sensação de vazio interior, este ser busca a paz de espírito, sob condições que agravam o processo em vez de solucioná-lo. Os terapeutas tornam-se os seus aliados, uma vez que a terapia, em nossa época, se estabeleceu como substituto da religião; padres e religiosos, de modo geral, cedem o lugar aos terapeutas pós-freudianos, que incentivam a liberação dos impulsos sexuais reprimidos. O narcisista é alguém que procura constantemente o analista; ele necessita de um profissional que o escute e o reconforte, pois perdeu a confiança naqueles que fundamentaram as proibições para o seu superego: os pais e a religião. Nesta sociedade narcisista, a autoridade é renegada: os pais não mais se impõem como antes e a religião perde sua força. A palavra de ordem, reforçada pelo analista, é liberação, principalmente sexual. A fuga do narcisista para o sexo sem limites, para um "festim" dionisíaco, acaba por ser uma tentativa de preencher-se, consolidar-se. Mas, ao fragmentar seus impulsos em múltiplas relações que se encaminham para o nada, ele se degrada e encontra o vazio e a solidão.

Retomando o que diz Lash sobre os efeitos destrutivos da cultura, podemos acrescentar que eles são muito maiores no que diz respeito à mulher, pois ela sempre esteve mais sujeita às forças repressivas da cultura. Assim, não surpreende que o número de mulheres narcisistas seja maior do que o dos homens na mesma situação. Chegou-se mesmo a pretender que o narcisismo era uma atitude fundamental a toda mulher. Mas, recolocando as coisas em seus devidos lugares, Simone de Beauvoir, no *Segundo sexo*, esclarece: "A verdade é que as circunstâncias convidam a mulher, mais do que o homem, a voltar-se para si mesma e dedicar-se a seu amor". (p. 395).

Dentro deste quadro, Diana Marini emerge como vítima dessas circunstâncias que lhe conferem um perfil narcisista: vivendo numa grande metrópole como São Paulo, mulher liberada, procura em fugazes relações sexuais a si mesma, num evidente processo de degradação. Seu corpo, fragilizado pelo álcool e pelas drogas, a leva cada vez mais para o fundo do poço, como confessa no conto "O vampiro da Alameda Casablanca": "... uma tristeza secreta e corrompida por me saber mole, dobrável, e ainda uma vez voltar a fazer coisas que não quero, não preciso, não desejo, todavia o álcool e a droga me levam lá, uma espécie de morte incluída nos serviços de buffet." (p. 61). É inegável a vocação humorística deste **corpo degradado**.

Madalena, protagonista de *Tango fantasma*, inaugura a trajetória decadente – "Tá vendo esse aí, dormindo? Foi o primeiro. E daí?" (p. 15) – que, dez anos depois, é retomada pela personagem Diana Marini, num paroxismo de degradação corporal, em que álcool, drogas e sexo destroem todo e qualquer vestígio de dignidade humana.

Lygia Fagundes Telles, em seu romance *As meninas* (1973), nos apresenta três jovens – Lia, Lorena e Ana Clara – convivendo num pensionato de freiras, sob a repressão política pós-64. Afastadas de suas famílias, vivem a condição feminina de formas distintas: Lia, a militante, vai à luta, enquanto Lorena se fecha em sua "concha" e Ana Clara, sempre drogada, procura tirar partido de sua beleza. A ausência do pai, traço constante do universo ficcional de Lygia, é um fato *a priori*, uma vez que as personagens vivem num espaço não familiar, que repercute diversamente, em função da história de cada uma.

Aqui nos interessa a personagem Ana Clara, apelidada pelas amigas de Ana Turva, pela sua desestrutura mental. Filha de uma prostituta, sem pai conhecido, ela tem um passado de pobreza e sofrimento. O suicídio da mãe a desvincula do único resquício familiar. Muito bonita, usa a beleza como meio de ascensão social. A busca da sobrevivência pelo comércio sexual e a redenção do passado miserável através do projeto de casamento atuam como elementos reificadores da personagem. A despeito de seus esforços para sair do grupo dos dominados, ela cada vez mais se afirma como um objeto a serviço da satisfação sexual da classe dominante. Já que as saídas no plano existencial lhe estão vedadas, ela busca a fuga. O sono, as drogas e o sexo funcionam como meios de evasão da realidade opressora; mas a única forma permanente de evasão é a morte – destino final da personagem.

Mitscherlich, psicólogo social cujo texto se encontra em *Dialética da família*, de Massimo Canevacci, aponta, como uma das causas da crise da sociedade e da família, a ausência do pai:

> Pensamos, antes, no esmaecimento da imagem paterna, que encontra sua causa na própria essência de nossa civilização, no que se refere à função educativa do pai: a figura ativa e operante do pai desaparece ou é ignorada. Juntamente com a perda da "visibilidade", causada por processos históricos, inverte-se também o valor atribuído a essa figura. (1970, p. 238).

O autor aponta, como uma das causas desse "esmaecimento", o desenvolvimento técnico, pois, segundo ele, o rápido progresso da civilização tecnológica abala a hierarquia dos velhos ordenamentos sociais, em suas estruturas de sustentação, ou seja, nas estruturas familiares. A ausência do pai é uma ausência estrutural, sintomática da decadência do patriarcado e da consequente perda dos referenciais. Os romances de Lygia têm protagonistas mulheres, vivendo crises de identidade, determinadas, em sua maioria, pelas relações familiares. Em *As meninas*, o **corpo degradado** de Ana Clara é o resultado de uma total crise de valores, reflexo de uma infância sofrida e miserável. No presente da enunciação, ela é perseguida pelas lembranças de um passado que ela pretende apagar com a perspectiva de um casamento rico. Na maior parte da narrativa, ela está na cama, bebendo, drogando-se e tentando fazer sexo com Max, que reclama de sua falta de desejo. Diz ela:

> Engrena nada. Se ao menos engrenasse mesmo e eu subisse pelas paredes de tanto engrenar e a cabeça deixasse roque-roque de pensar só coisas chatas. Mas por que minha cabeça tem que ser minha inimiga, pomba. Só penso pensamento que me faz sofrer. Por que esta droga de cabeça tem tanto ódio de mim? (p. 29).

Suas mais remotas lembranças resgatam o tempo de menina, na cadeira do dentista, que ela apelida de Doutor Algodãozinho, uma vez que o tratamento, basicamente, consistia em trocar o algodão do buraco dos dentes, enquanto seu corpo ia sendo degradado pela concupiscência do dentista:

> Mudava o algodãozinho enquanto o buraco ia aumentando. Aumentando. Cresci naquela cadeira com os dentes apodrecendo e ele esperando apodrecer bastante e eu crescer mais pra então fazer a ponte. Uma ponte pra mãe e outra

> pra filha. Bastardo. Sacana. As duas pontes caindo na ordem de entrada em cena. Primeiro da mãe que se deitou com ele em primeiro lugar e depois. (p. 31).

Sob o efeito do álcool e das drogas, seu discurso é desconexo, misturando tempos e espaços diferentes: na cadeira do dentista e no quartinho da obra, onde morava com a mãe e seus homens:

> As unhas arrebentando o elástico da minha calça e arrebentando a calça e enfiando o dedo de barata-aranha pelos buracos todos que ia encontrando tinha tantos lá na construção, lembra? As baratas cascudas eram pretas e se agachavam como a gente se agacha pra passar pelo vão. Inteligentes essas baratas mas eu era mais inteligente ainda e como conhecia seus truques foi fácil agarrar a mãe delas pelas asas e abrir a panela e jogar ela lá dentro. Tome agora sua sopa com a baratona eu disse chorando de medo enquanto ele sacudia minha mãe pelos cabelos e ia me sacudir também bêbado de não poder parar de pé. (p. 34, 35).

Lembranças sempre dolorosas que ela tenta evitar. "Me ajuda me ajuda me ajuda. Eu não quero mais lembrar e lembro. Sei que a infância acabou tudo acabou e que ela era uma". (p. 75). Apesar da suspeita de gravidez, sonha com um casamento rico que a tire desta situação. "Te amo Max. Te amo mas em janeiro meu boneco. Em janeiro vida nova. Tirar o pé da lama. Você já foi rico agora é minha vez não posso? Ano que vem *stop*. Um escamoso mas podre de rico. Então." (p. 32).

Esse **corpo degradado**, na morte, vai ter sua compensação. As amigas do pensionato, Lorena e Lia, o embelezam, mascarando a realidade de uma morte por overdose. Ana Clara morta, toda maquiada e bem vestida, sentada no banco da pracinha. As aparências foram salvas...

O CORPO EROTIZADO

Nosso corpo nos pertence

A epígrafe aqui presente nos remete aos anos 70, quando as feministas descobriram que podiam ser donas do próprio corpo e daí extrair o prazer. Foi uma enorme mudança, operada em muito pouco tempo, uma vez que até então eram raras as vozes que se insurgiam contra a dominação masculina neste terreno. As pioneiras ousaram desafiar os tabus e se puseram a falar e a escrever sobre os prazeres da carne, como Gilka Machado (1893-1980), tão criticada na época pelo seu vanguardismo, e Simone de Beauvoir, escandalizando com as observações sobre a sexualidade feminina em *O Segundo sexo* (1949). Enfim, as mulheres começavam a romper o silêncio sobre o próprio corpo, reivindicando o direito ao prazer.

Em estudo sobre o desenvolvimento da sensualidade feminina na sociedade brasileira, Rachel Soihet aponta o Carnaval como uma brecha na repressão sofrida pelas mulheres da classe média, uma vez que, entre as mulheres do povo, eram muitas as possibilidades de extravasar a sexualidade. Diz a historiadora:

> A sensualidade, por longo tempo vista como apanágio da negra e da mulata, torna-se visível nas mulheres de todas as cores e segmentos, que a exercem com garra invejável, negando estereótipos de longa data. Enfim, acelera-se o passo rumo ao reino da liberdade, que encontra no Carnaval um momento de expressão maior. (2003, p. 195).

É interessante observar que essa liberação do corpo como fonte de prazer caminha paralelamente à liberação sócio-existencial das mulheres no nosso contexto androcêntrico, mostrando que a liberdade só se conquista em todos os planos. É o que Angélica Soares observa em seu livro *A paixão emancipatória*, ao tratar do erotismo na poesia brasileira de autoria feminina: "A intensificação do investimento poético no erotismo pelas escritoras brasileiras parece-me ter muito a ver com esse momento de forte trabalho de conscientização da necessidade de ruptura dos paradigmas masculinos repressores". (p. 57). Agora, conquistado o espaço no universo literário, até então quase exclusivamente masculino, as escritoras ousam romper o silêncio sobre os prazeres do corpo. Se na poesia isso acontece mais cedo, como provam inúmeras obras de poetisas brasileiras, deve-se ao fato de que se trata de um discurso mais próximo da fantasia, enquanto a narrativa tem maiores vínculos com a realidade. Daí a representação do **corpo erotizado** ser um dado relativamente recente na prosa de autoria feminina.

Como se apresenta esse **corpo erotizado**? Trata-se de um corpo que vive sua sensualidade plenamente e que busca usufruir desse prazer, passando ao leitor, através de um discurso pleno de sensações, a vivência de uma experiência erótica.

É bem conhecido o mito de Eros, que, segundo Platão, teria nascido da união de Poros (recurso) e Pênia (pobreza). Por isso está sempre em busca de seu objetivo, sendo uma força insatisfeita e inquieta. Esse estado de perturbação, marcado pelo desejo que só se satisfaz ilusoriamente, se relaciona com o sentido de descontinuidade do ser, concebido por George Bataille, para quem somos seres descontínuos, mas temos a nostalgia da continuidade. Ele abre seu famoso estudo sobre erotismo com uma proposta de definição, sem propriamente defini-lo: "Do erotismo, é possível dizer que ele é a aprovação da vida até a morte". (p. 19). Já Octávio Paz, em seu livro *A dupla chama: amor e erotismo*, vai mais além, estabelecendo uma distinção entre amor, erotismo e sexualidade, termos que se confundem por estarem, frequentemente, relacionados. Amor e erotismo derivam do instinto sexual, mas, segundo o autor, "amor é escolha; o erotismo, aceitação." (p. 34). A distinção fica bem clara quando Octávio Paz afirma: "Não há amor sem erotismo como não há erotismo sem sexualidade. Mas a cadeia se rompe em sentido contrário: amor sem erotismo não é amor e erotismo sem sexo é impensável e impossível". (p. 97). Assim, o **corpo erotizado** pode ou não estar envolvido pelo amor, mas estará, seguramente, vivendo sua sexualidade.

A editora Record publicou, há alguns anos, dentro da coleção Amores Extremos, romances de autoria feminina que tematizam, sob vários aspectos, as relações amorosas. Há um deles, escrito por Heloísa Seixas, intitulado *Através do vidro – amor e desejo* (2001), que realiza plenamente a proposta erótica. Narrado em terceira pessoa, diz respeito aos devaneios de uma mulher de meia idade – Cada anoitecer era um dia a menos" (p. 15) –, bem casada e entediada, que embarca nas recordações da adolescência, onde viveu um amor menino, cheio de promessas que não se realizaram. Esta situação dramática determina o entrelaçamento de duas histórias – a do presente e a do passado –, dissolvendo, muitas vezes, as fronteiras do tempo. A mulher, como é chamada, sozinha em casa, ao cair da tarde, se deixa levar pela magia do toque do telefone e resgata, em sua fantasia, a figura do homem que ela amara ainda menino. Esse amor de dois adolescentes faz parte da sua história, enquanto os fatos narrados a partir do telefonema são engendrados pela sua fantasia, produto da ânsia de viver plenamente aquele amor. Ao final da narrativa, a narradora confessa que, como escritora, muitas vezes perde o contato com a prosaica realidade, vivendo em outra dimensão:

> Nós, escritores, somos assim. Sofremos de uma espécie de esquizofrenia. Vivemos possuídos, mergulhados em devaneios que nos arrastam e envolvem até não sabermos mais onde estão as divisas, quem somos e onde pisamos. Muitas vezes, deixamo-nos mergulhar de propósito, para fugir à aridez dos dias, ao medo da morte – à certeza, que nos acompanha sempre, de que caminhamos em direção ao fim. (p. 109).

O que importa ressaltar aqui não são os fatos que compõem o sonhado fim de semana passado num ambiente paradisíaco, ao lado de um homem bonito, rico e interessante, mas as sensações que ela vivencia a cada momento, como se seu corpo estivesse totalmente antenado com o ambiente circundante. A sensibilidade do tato: "Sua palma trilhou o acolchoado macio, sentindo-lhe a trama, cada mínima saliência e reentrância, como se a pele tivesse ganho novos sensores, de precisão e alcance sobrenaturais" (p. 21); a visão mais apurada: "Ela enxergava coisas que nunca tinha visto antes" (p. 22); o olfato sensualizado e a ansiedade do paladar: "Agora, o aroma das postas assadas subia junto com a fumaça, impregnado o ar, penetrando as narinas da mulher e desaguando na saliva que se formava em sua boca" (p. 34); a audição perfeita: "Por um instante enorme, os dois ficaram mudos, ouvindo a noite. Até que, ao longe, um pássaro noturno soltou seu canto, longo e sentido." (p. 83).

Cabe registrar aqui, como exemplo de discurso erótico, a narração do primeiro orgasmo da menina, entregue às carícias do jovem namorado:

> O delírio foi num crescendo e tomou-a por completo, até que o núcleo de sua alma desapareceu, anulando-se ante a imensidão daquele primeiro instante de prazer – um momento que, como a própria face da morte, não dá margem a engano.
> E, nesse mergulho, alucinado, em que se sentiu transformar em fragmentos de estrelas, a menina nem ao menos pôde gritar. O beijo,

> que se imprimia sem perdão sobre sua boca, manteve-a prisioneira, enquanto seu corpo, desfeito, desaparecia no céu de uma dimensão desconhecida. p. 93).

Com o **corpo erotizado** por essa primeira experiência, a menina fica à mercê da memória do prazer e se deixa invadir pelo ponto de calor que ameaça anulá-la novamente. O orgasmo se dá aqui em perfeita comunhão com a natureza, numa linguagem liricamente erótica:

> Parou ofegante. O cheiro de lama que emanava das margens fez suas narinas vibrarem, num espasmo de prazer. E a visão das águas escuras escoando lentamente em direção ao mar, onde sal e doce se acasalavam, onde fundiam os líquidos claro e escuro, atingiu-a num átimo. Sem esperar pelos outros, disparou ribanceira a baixo. (p. 95)

Há momentos em que o ato amoroso adquire traços de um sacrifício, não faltando nem o altar onde se pratica o ritual. Bataille, no livro já citado, estabelece uma comparação entre o sacrifício na

Antiguidade e a relação erótica: "O que o ato do amor e o sacrifício revelam é a carne. O sacrifício substitui a vida ordenada do animal pela convulsão cega dos órgãos. O mesmo acontece com a convulsão erótica." (p. 143). Agora, vejamos a narração do ato sexual: o leito, no meio do quarto, como um altar, e a mulher sobre ele, sobre os lençóis imaculados, nua. "Como uma virgem no altar do sacrifício." (p. 77).

Nesse romance, o corpo ganha plenitude ao ser erotizado; sua dimensão extrapola as fronteiras anatômicas para comungar com o ambiente, numa simbiose que se poderia chamar de ecológica. A personagem resgata, no plano da fantasia, seu amor da meninice, atualizando esta recordação de forma extremamente erótica.

No conto "O leopardo é um animal delicado", do livro homônimo de Marina Colasanti (1998), temos uma personagem anônima, marcada pela domesticidade. Quando a narrativa começa, ela está lavando louça e vê pelo basculante da cozinha a chegada dos caminhões à cidade. Sem saber do que se trata, circo ou parquinho, ela já se decide a ir, rompendo assim com a rotina de sua vida doméstica e, muito provavelmente, solitária. "Ela ia, no que fosse.

Haveria música. E gente. E movimento. Isso já lhe bastava." (p. 82). Há um detalhe curioso, registrado pelo narrador, que bem define a relação da personagem com a domesticidade. Ela usa luvas para se proteger da água suja das louças e copos, mas um pequeno furo na luva estabelece o contato dela com essa realidade que ela busca evitar.

Essas marcações são importantes porque revelam a carência da personagem que acompanha a montagem do que parece ser uma feira e se põe a escolher mentalmente a roupa que usaria: "o vestido vermelho de bolinhas, porque tinha um jeito de seda e uma saia godê que lhe acariciava as coxas quando andasse sobre os saltos altos em meio aos sons e à gente toda." (p. 82). A proposta do inusitado desencadeia na personagem um processo de erotização. Seu corpo já antegoza a carícia da seda nas coxas, como um preâmbulo de prazeres mais intensos.

Erotika Tour é o nome que brilha no letreiro e que vai agir sobre a personagem de forma mágica. "O desejo de alegria que sentia nos lábios acendeu-se quando passou debaixo do arco luminoso, e as cores das lâmpadas, dos tubos de neon, as cores todas daquelas letras, daqueles raios e círculos despejaram-se piscando em cima dela". (p. 83). Era um mundo de luzes e de ilusão, bem diferente de sua realidade doméstica. "Universo do Prazer", "A Cidade das Mulheres", "Túnel do Amor", "A Massagem do Desejo", "Sacerdotisa do Sexo" fazem parte dos letreiros das barracas, numa oferta apoteótica de prazeres. Mas a "praça de mentira", o "laguinho forrado de plástico azul" com "as plantas artificiais na beira" são índices das ilusões oferecidas. Tudo de mentira.

Depois de passear pela feira, experimentar comida afrodisíaca e beber o fluido do amor, seus olhos procuram os homens. O processo de erotização aguça-lhe todos os sentidos. "A cor o aroma a quentura daquela comida deslizaram garganta abaixo abrasando-lhe o corpo". (p. 85) Mas é no Túnel do Amor que vai extravasar sua sexualidade, numa ânsia desatinada. Aqui, em meio a um corredor cheio de sombras, é assediada por três homens, um de cada vez, que a excitam de várias formas, mas que sempre se esquivam. O final do conto registra a luta entre o desejo dela e a recusa do terceiro homem – o leopado delicado –, terminando com ela cavalgando-o "desatinada". A fusão tão desejada não acontece e a mulher que sai do Túnel do

Amor é, novamente, um ser solitário reintegrado à prosaica realidade. "Limpou os dedos no vestido, ajeitou os cabelos com as costas da mão. Só então percebeu que tinha esquecido as sandálias". (p. 89). O efeito mágico terminara.

Marina Colasanti constrói uma personagem sexualmente carente que vai em busca do prazer erótico, mas a feira, promessa delirante feita de mentiras, não realiza plenamente seus desejos, transformando a personagem num ser vazio e amorfo. Aqui o **corpo erotizado** não é fonte de prazer pleno, mas apenas promessa não cumprida.

No conto "As cerejas", do livro homônimo (1992), Lygia Fagundes Telles trabalha o erotismo como um elemento estranho ao ambiente rural, simples e tranquilo. A narradora, personagem deste espaço, chega a duvidar de ter vivenciado aquela situação: "Aquela gente teria mesmo existido?". Ela, a Madrinha, sempre à procura dos óculos, e Dionísia, com suas receitas, moram no sítio, onde, "inesperadamente", chega a sofisticada tia Olívia. O jovem Marcelo, "muito louco", aí já se encontrava passando férias. Estabelece-se, de imediato, o contraste, dolorosamente percebido pela narradora.

Marcelo também tinha estado na Europa com o avô. Seria isso? Seria isso que os fazia infinitamente superiores a nós? Pareciam feitos de outra carne e pertencer a um outro mundo tão acima do nosso, ah! como éramos pobres e feios. (p. 8).

A narradora, então adolescente, está rendida aos encantos de Marcelo – "tão belo quanto um deus, um deus de cabelos dourados e botas, todo banhado de luar" – e vai temer a superioridade da tia e seu poder de sedução. Esta, que logo se interessa pelo "rapazinho", é a representação inflamada do **corpo erotizado**. É "lânguida", fala devagar e anda com "a mansidão de um gato". Está, a todo momento, umedecendo "com a ponta da língua os lábios brilhantes", numa atitude sensual. Os dias de calor contribuem para exacerbar a sensualidade e anunciam a tempestade próxima. Diz a narradora: "Só tia Olívia continuava igual, sonolenta e lânguida no seu negligê branco. Estendia-se na rede. Desatava a cabeleira. E, com um movimento brando, ia se abanando com a ventarola". (p. 11). O desatar a cabeleira remete à liberação da sexualidade, flagrada pela narradora durante a tempestade: "E em meio do relâmpago que rasgou a treva, vi os dois corpos completamente azuis, tombando enlaçados no divã". (p. 12, 13).

Para a adolescente, criada pela Madrinha simplória e pela distante Dionísia, encantada com o primo loiro, a cena tem um efeito incandescente, numa aproximação possível com o violento desabrochar da sexualidade. Daí a reação, quase instantânea, que a Madrinha confunde com um forte sarampo.

> Até hoje não sei quantos dias me debati esbraseada, a cara vermelha, os olhos vermelhos, escondendo-me debaixo das cobertas para não ver por entre clarões de fogo milhares de cerejas e escorpiões em brasa, estourando no chão. (p. 13).

Passado o efeito incandescente, com Marcelo e a tia já distantes, tudo volta à paz e tranquilidade da vida rural. "Sentei-me na cama e fiquei olhando uma borboleta branca pousada no pote de avencas da janela. Voltei-me em seguida para o céu límpido. Havia um passarinho cantando na paineira". (p. 13).

As cerejas, que dão título ao conto e são objeto de fascínio para a narradora, representam o elemento novo nesse espaço. Elas compõem o traje da tia, sempre presas no decote fundo. A proximidade com os seios e sua cor vermelha contribuem para a erotização da personagem. "Uma ou outra cereja resvalava por entre o rego dos seios e era então engolida pelo decote". (p. 11). O fato de a cereja não ser uma fruta tropical, nativa, mas sim importada, reforça o efeito que a presença desta personagem provoca no ambiente do sítio, até então totalmente apaziguado.

A narradora, no presente da enunciação, lembra que tudo desapareceu sem deixar vestígios. Mas as cerejas, com sua "vermelhidão de loucura", essas resistiram, como símbolo da sexualidade presente e recordação do **corpo erotizado** da tia Olívia.

O CORPO LIBERADO

> Preciso admitir que a ambivalência é a nossa salvação para não morrermos na poeira da mesmice.
>
> *Lya Luft*

A narrativa de autoria feminina, da década de 90 para cá, vem apresentando protagonistas mulheres que passam a ser sujeitos da própria história, conduzindo suas vidas conforme valores redescobertos através de um processo de autoconhecimento. Este processo é exatamente o conteúdo da narrativa, que nos leva da personagem enredada nos "laços de família" ou nas próprias dúvidas existenciais à personagem, enfim, liberada.

A obra ficcional de Lya Luft é um excelente exemplo desse percurso. Na década de 80, ela publica cinco romances – *As parceiras*, 1980, *A asa esquerda do anjo*, 1981, *Reunião de família*, 1984, *Quarto fechado*, 1984, e *Exílio*, 1987 –, em que as personagens estão presas ao contexto familiar, às relações de gênero, como num beco sem saída. Mas, em *A sentinela* (1994), a protagonista Nora, do presente da enunciação, é uma mulher centrada, que inaugura uma tecelagem, agora decidida a dirigir sua vida, como ela mesma diz: "Estou bem, como se retivesse nas mãos as rédeas de mim, observando sem espanto os trechos a percorrer." (p. 30). Compra a casa que fora dos seus pais e, numa simbiose perfeita com esse espaço, se põe a recordar a infância mal amada, os tormentos da juventude, sua vida de casada e de mãe e os amores conturbados com João. Trata-se de um processo de autoconhecimento que ocupa todos os capítulos da narrativa, dedicados a cada uma das personagens importantes.

O tempo do romance perfaz exatamente um dia. Começa com a aurora ("Amanhece pela janela aberta, anunciando uma nova vida"), quando Nora desce as escadas em direção ao seu ateliê, e termina à noite, quando sobe a escada e se põe a cantar da sua janela escura. É o dia que dedica aos seus "negócios interiores", num exaustivo e sofrido processo memorialístico, que completa sua libertação.

Aliás, a memória da protagonista é, em todos os seus romances, o recurso usado para justificar a narrativa que, dessa forma, conduz o leitor através do processo rememorativo. Em *A sentinela*, a tapeçaria inaugurada no presente se confunde com o exercício artístico, que exorciza o passado, reduto de sofrimento e medo, com os fios trançados construindo uma nova postura diante da vida. Assim, o narrar e o tecer fazem parte do mesmo processo de libertação: "teares lustrosos, novelos coloridos, prontos para desenrolar minhas histórias e produzir os objetos dos meus sonhos". (p. 30).

A personagem da mãe é sempre emblemática na obra de Lya Luft. Aqui, Elsa é fonte de muito sofrimento para a menina rejeitada, que acaba sendo mandada para um colégio interno depois da morte de Lilith, a filha preferida. Mateus, o pai, é impotente para minimizar as perversidades feitas contra Nora, pois, como as demais personagens masculinas luftianas, é fraco, incapaz de enfrentar a ira de Elsa.

João, grande amor da protagonista, é um ser enredado nos problemas da ex-mulher e da filha drogada, perambulando pelo mundo, sem capacidade de assumir uma relação estável. Olga é a grande salvação. Filha de Mateus com uma antiga namorada, cresce longe das implicâncias de Elsa e, muito parecida com o pai, vai ser para Nora uma espécie de segunda mãe, sábia e prudente conselheira. Dentro desse contexto familiar, não é de se estranhar que as recordações de Nora venham sempre impregnadas de dor. Mas há um momento em que ela percebe mudanças em sua vida:

> Eu estava numa nova fase da vida: nem sabia direito qual, como, mas estava na beira de um novo começo. Alguma coisa parecida com paz se instalava: não a paz da fuga, mas do mergulho, do resultado que vem depois do mergulho, quando se sabe que se está começando a emergir, mas não o que vai aparecer na superfície e, mesmo assim, se vai. (p. 117).

Mas, à vivência prazerosa desse momento, se segue um novo encontro com João, marcado, como os demais, por desentendimentos e rupturas. Contudo, o caminho para a libertação já estava preparado. Diz Nora, depois de passar todo o filme de sua vida: "Cada um tem de encontrar o jeito, o modo, a trilha, aprender a ser senhor dos rumos". (p. 153).

No último capítulo, que leva o nome da protagonista, estamos novamente no presente da enunciação, pois aí se encontram inúmeras expressões que remetem à dúvida – "quem sabe", "talvez", "mas não sei" – e ainda: "Não sei nada, e isso me alivia enormemente: não preciso saber" (p. 162), numa clara demonstração de abertura ao imprevisto, à Vida (com v maiúsculo), àquele viver pleno que as personagens de Clarice vislumbram na epifania. Ao exorcizar um passado doloroso, ela se liberta das amarras familiares e das dependências afetivas, ousando viver, sem repressões e sem medo, a existência com seus mistérios:

> Estou no coração de um ciclo que se fecha, eu sou o mar, com peixes e medusas, sou a viagem também. Não há garantias, não existe segurança: alguma vez é preciso a audácia de se jogar, de delirar, como Henrique, neste

momento, jogando alto sua música pela noite, com pedaços de entranhas, de pensamento, de coração, meu filho parindo a si mesmo como mãe alguma é capaz de fazer. (p. 162, 163).

E, seguindo o exemplo do filho, que ela tentara tanto inserir num padrão convencional, presa às questões de gênero, ela se põe a cantar da janela do seu quarto – o que ela gostava de fazer, mas que a repressão materna impedia –, "jorrando fios de música sobre as coisas todas" (p. 163), construindo assim uma nova postura diante da vida, em que o corpo é como o "mar" com seus mistérios, mas é também "viagem" aberta ao desconhecido.

Essa abertura ao desconhecido, ao imprevisto, ao indefinido nos remete ao "líquido mundo moderno", de Zygmunt Bauman, teoria apresentada na entrevista dada por ele a Benedeto Vecchi. Diz o autor que devemos nos adaptar à "modernidade líquida", uma vez que, na sociedade contemporânea, as identidades sociais, culturais e sexuais são incertas e transitórias. Só pela ruptura dos vínculos sociais da "modernidade sólida" é possível descortinar o caminho que conduz à libertação social.

Estar deslocado, não pertencer a lugar algum pode ser uma experiência desconfortável e perturbadora; mas é, sem dúvida, um mal necessário à nossa realização pessoal. É preciso não perder de vista a condição precária e inconclusa das identidades, que o autor chama de "identidades em movimento", pois, conclui ele: "No admirável mundo novo das oportunidades fugazes e das seguranças frágeis, as identidades ao estilo antigo, rígidas e inegociáveis, simplesmente não funcionam". (p. 33). A construção das identidades se assemelha à construção de um quebra-cabeça, ao qual faltam sempre peças, ficando portanto incompleto. É tarefa de toda uma vida que exige "a libertação da inércia dos costumes tradicionais, das autoridades imutáveis, das rotinas preestabelecidas e das verdades inquestionáveis". (p. 56). Ora, as pessoas inseguras, diante da tranquilidade, da segurança física e da paz espiritual, sentem-se no paraíso, enquanto as pessoas que lutam pela liberdade de escolha e auto-afirmação vivem numa prisão. Diz o autor:

> O futuro sempre foi incerto, mas o seu caráter inconstante e volátil nunca pareceu

> tão inextrincável como no líquido mundo moderno da força de trabalho flexível, dos frágeis vínculos entre os seres humanos, dos humores fluidos, das ameaças flutuantes e do incontrolável cortejo de perigos camaleônicos. (p. 74)

Esta situação de ambiguidade gera o que o autor chama de "tormentos da ambivalência", para os quais não há solução definitiva. Liberdade de escolha e segurança oferecida pelo pertencimento estão em constante tensão. Em nosso mundo fluido, fixar-se numa única identidade para toda vida é insensato, pois se corre o risco de exclusão. O melhor é deixar as portas sempre abertas de forma a possibilitar a construção de outras identidades.

Narrativas de autoria feminina mais recentes tematizam a crise existencial de protagonistas divididas entre a identidade de esposa/ mãe/ dona de casa e outras possibilidades que o nosso mundo contemporâneo oferece às mulheres. Vimos como Nora, narradora de *A sentinela*, abandona uma série de certezas para se entregar a uma Vida plena de imprevistos, mas rica de possibilidades:

> Cantava sem se importar com nada mais, cantava jorrando fios de música sobre as coisas todas, como tentáculos. E do seu canto foi brotando o mundo: dele nasceram as árvores e os carros e as casas; os caminhos dos amantes; as grutas da noite, e o ventre do dia; a morte nascia dessa música; e a vida também. (p. 163).

Encontramos outro exemplo significativo dos "tormentos da ambivalência" no romance *Divã* (2002), da autora gaúcha Martha Medeiros. Temos aí uma narradora diante do analista, Lopes, num processo de autoconhecimento. Cronista do *Zero Hora*, a autora, ao escrever este romance, não se afasta da linguagem jornalística e do humor que a caracterizam. A crise vivida pela narradora tem a ver com as "identidades em movimento" de que nos fala Bauman. Ela admite suas ambivalências, mas não sabe lidar com elas. As primeiras palavras que diz ao analista são muito significativas:

> Quem me vê caminhando na rua, de salto alto e delineador, jura que sou tão feminina quanto as outras: ninguém desconfia do meu hermafroditismo cerebral. Adoro massas cinzentas, detesto

cor-de-rosa. Penso como um homem, mas sinto como mulher. Não me considero vítima de nada. Sou autoritária, teimosa e um verdadeiro desastre na cozinha. Peça para eu arrumar uma cama e estrague meu dia. Vida doméstica é para os gatos. (p. 9).

Seu discurso ainda está preso a estereótipos (homem/ mulher). Talvez este o cerne da sua crise. Ela se considera muitas e tem dificuldade de lidar com esta pluralidade, mas também não aceita a acomodação a um modelo tradicional: "Se ser feliz para sempre é aceitar com resignação católica o pão nosso de cada dia e sentir-se imune a todas as tentações, então é deste paraíso que quero fugir". (p. 14). Adiante, volta a questão da ambiguidade: "E, como já disse, sou mezzo mulherzinha, mezzo cabra da peste, o que nunca me fez sentir entre iguais no salão de beleza!" (p. 22). Professora, casada, com três filhos, vive uma crise de identidade(s) que lhe consome quase três anos de terapia, ao fim dos quais aceita a sua pluralidade: "Agora entendo que nunca estarei pronta, e que tudo o que preciso é conviver bem com meu desalinho e inconstância, que enfim aceito". (p. 154). É exatamente a solução, ou a falta dela, apontada por Bauman:

> Não há um modo fácil de escapar a essa sorte, nem certamente uma cura radical viável para os tormentos da ambivalência. E, portanto, há uma busca fanática e furiosa por soluções de segunda classe, meias soluções, soluções temporárias, paliativos, placebos. Servirá qualquer coisa que possa afastar as dúvidas corrosivas e as questões irrespondíveis, postergar o momento do ajuste de contas e da verdade – e assim permitir que permaneçamos em movimento ainda que nosso destino esteja, é o mínimo que se pode dizer, envolto na neblina. (p. 75).

Esse "movimento" de que nos fala Bauman aproxima o homem contemporâneo da famosa "errata pensante" machadiana. Em *Memórias póstumas de Brás Cubas*, o narrador alude à sua "teoria das edições humanas", ao comentar, irônica e metaforicamente, mudanças comportamentais. Diz ele: "Pois sabei que, naquele tempo, estava eu na quarta edição, revista e emendada, mas ainda inçada de descuidos e barbarismos; defeito que, aliás, achava alguma compensação no tipo, que era elegante, e na encadernação que era luxuosa". (p. 165). Para Machado, a explicação reside "naquele tempo", isto é, num passado em que o narrador via Marcela com outros olhos, "olhos da primeira edição". (p. 166). Todos nós lembramos dos desatinos cometidos pelo jovem Brás Cubas, apaixonado por Marcela. Tempos depois, ao reencontrá-la, ele se pergunta: "Não era esta certamente a Marcela de 1822; mas a beleza de outro tempo valia uma terça parte dos meus sacrifícios?" (p. 166). Para Machado, as "edições humanas" se sucedem através dos tempos, enquanto para Bauman, no "líquido mundo moderno" as mudanças são determinadas pela predominância da fluidez. Diz ele: "A construção da identidade assumiu a forma de uma experimentação infindável. Os experimentos jamais terminam". (p. 91). O que vem a dar quase no mesmo!

O romance *Divã* teve uma versão teatral encenada com muito sucesso. Aqui, ao se despedir o analista, Mercedes lhe entrega um quadro pintado por ela: um enorme pássaro voando. Enfim, a liberdade conquistada. O romance termina também com ela se despedindo do analista: "Lopes, você já quis me dar alta e eu recusei, achava que não estava pronta. Agora entendo que **nunca** estarei pronta, e que tudo o que preciso é conviver bem com meu desalinho e inconstância, que enfim aceito". (p. 154, grifo nosso). A aceitação da "inconstância", isto é, da fluidez, significa a liberação de esquemas predeterminados, coercitivos e repressores, própria de um **corpo liberado**.

Rachel Jardim, no conto "A viagem de trem", constrói um texto praticamente sem enredo, usando com eficácia o poder da seleção vocabular, responsável pela atmosfera, como em alguns contos de Katherine Mansfield.

A protagonista, que nem nome tem, se encantara com a cidade de Florença, que ela acabara de conhecer, e viajava de trem, só e rejuvenescida, deglutindo o encantamento vivido, quando, inesperadamente, a voz de um homem se interpõe, convidando-a a ficar com ele. De nome Alfredo, ele vai tentar "detê-la". Preso às convenções sociais, ele quer saber tudo sobre ela. "Queria-a para si num tempo e num espaço certos". (p. 344). Ela vive este instante de amor – "Amava sim, de um amor sem tempo, sem limite, sem fim e sem começo" (p. 344) –, mas se recusa a se prender a ele, pois "se sentia livre e aspirava até o último sorvo essa liberdade". (p. 345).

O tempo e o espaço têm uma função estruturante no conto. A cidade de Florença, com todo seu potencial de arte e beleza, é a responsável pelo encantamento da protagonista, pela sensação de juventude: "Estou me sentindo estranhamente jovem, pensou" (p. 344), o que remete ao sentimento de liberdade. O tempo aqui tem uma conotação positiva; ela se sente jovem, a infância é resgatada pelo ruído familiar do trem nos trilhos. Fica evidente que a volta à infância e juventude é responsável pelo sentimento de liberdade, pela falta de condicionamentos sociais, tão presentes na personagem Alfredo. Ele representa as amarras, pois "queria-a para si num tempo e num espaço certos". (p. 344). Ela se nega, pois "seu espaço era feito de muitos espaços; seu tempo, de muitos tempos". (p. 345) Ela não pertence a um só espaço ou a um só tempo, e esta multiplicidade identitária lhe proporciona uma liberdade "duramente conquistada". Exatamente o que nos diz Bauman sobre a modernidade líquida.

O conto termina com as palavras do narrador – "Estava livre e só na manhã de verão" (p. 345) –, que, ao associar liberdade e solidão, assinala o preço que o **corpo liberado** deve pagar.

O trabalho de resgate da obra da sergipana Alina Paim me possibilitou o contato com três livros muito especiais, não só porque se articulam entre si, mas também porque, de fato, narram a vida da mesma personagem, Catarina. *O Sino e a rosa* (1965) *A chave do mundo* (1965) e *O círculo*(1965) formam a Trilogia Catarina, enfocando momentos importantes da sua trajetória existencial. O que lhes garante a unidade é o fato de serem produtos da memória da protagonista, sentada no topo da escada, aguardando a revelação dos sintomas da doença da filha, prostrada pela febre, no berço ao lado. Num estilo denso, repleto de símbolos e referências textuais, o narrador constrói o percurso do tempo do orfanato até o momento presente. A filha, Augusta, aguardada durante oito anos, representa a realização de seus desejos, agora ameaçada por um mal desconhecido. Entre o recurso ao termômetro e a administração do antitérmico, Catarina, escritora por vocação, revê toda sua vida, entremeando várias temporalidades, num processo labiríntico, sem perder o fio da meada. Da roda dos enjeitados à condição de esposa e mãe, o narrador enfatiza aqueles momentos onde a integridade da protagonista esteve ameaçada, prevalecendo sempre o **corpo liberado**.

Do ponto de vista técnico, os três livros apresentam uma curiosidade. Há um narrador em terceira pessoa que comanda a narração dos fatos, mas são muito frequentes as interferências do pensamento da protagonista. A intimidade que se estabelece entre esse narrador e Catarina é tão grande que confunde o leitor. Por vezes, o narrador se questiona, como se fosse a própria protagonista: "Vinte e sete horas sob o sino. Terminaria aquele suplício? Não se satisfez ainda a Madre Superiora com o exemplo dado ao colégio?" (p.107). Trata-se de um mediador, de um alter ego criado pela autora. para nos transmitir os fatos e as impressões sobre eles.[8] É o autor implícito, cuja onisciência está restrita aos atos e pensamentos da protagonista. O que nos faz pensar numa narrativa de natureza autobiográfica, dada a intimidade entre narrador e protagonista, como se nota no trecho abaixo:

---

[8] Autor implícito (o alter ego do autor). In. BOOTH C. Wayne. *A retórica da ficção*. Trad. Maria Tereza Guerreiro.Lisboa: Arcádia, 1980.

> Retira a mão da testa da criança e o calor permanece-lhe na pele. Os cabelos sobre a fronha, secos e emaranhados. Vinte e quatro horas sem contato do pente. Quando ia Augusta deixar pentear-se sem gritaria e zanga e lágrimas? Cachos enroscados e secos. Falta-lhe coragem para impor mais um suplício, se de meia em meia hora cresce diante da menina, dragão armado de colher e xícara, obrigando-a a engolir drogas amargas, pegajosas, horríveis. (*O Sino e a rosa*, p.14).

Em *O Sino e a rosa*, encontramos Catarina como órfã num educandário de freiras. Tendo sido deixada na roda dos enjeitados, não conhece pai nem mãe, mas alimenta sempre a esperança de encontrá-los. Irmã Júlia e Madre Tereza são, de maneira diversa, importantes na sua formação:

> Duas mulheres semearam ternura naqueles anos. Diversos foram os resultados do carinho. Uma procurava amortecer-lhe os sentimentos, empurrando-a para a humildade. Outra, espicaçando-a sem tréguas, gritava-lhe o valor de um caráter, que todo o fardo tem de ser levado

> de cabeça erguida. Amou com devoção as duas mulheres, aquela que a recebia todas as manhãs e a outra que a esperava à noite, uma de cada lado do pesado portão. Educandário e Orfanato. Irmã Júlia e Madre Tereza, luzes contraditórias que procuravam identificar a verdadeira saída da planície. Lonjura que se desdobrava diante de seus olhos adolescentes, interminável, entrecruzada de caminhos. (p. 30).

Graças a sua inteligência e aplicação, torna-se uma aluna brilhante, destacando-se entre a igualdade das órfãs. Queria ser a "circunferência quadrada", apesar de todas as circunferências serem redondas. Irmã Júlia a adverte do perigo da inteligência, enquanto Madre Tereza a incentiva a ser mais. Da combinação dessas duas mentoras e da dualidade Educandário, espaço do desigual, e Orfanato, espaço do mesmo, formou-se uma adolescente com respostas sempre prontas para toda e qualquer situação.

Como *Bildungsroman*, *O sino e a rosa*, narra o processo de formação de Catarina criança e adolescente. Trata-se de um processo doloroso, sendo ela uma enjeitada no Orfanato à espera de adoção.

Vamos, aqui, apontar os momentos mais dramáticos em que a protagonista teve de superar obstáculos e lutar contra poderosos adversários. O caso do castigo sofrido por ela, quarenta horas em pé na coluna do sino, é paradigmático da sua força de caráter. Sentindo-se injustiçada, não pede desculpas: "A resposta é a mesma, não peço perdão nem que o mundo desabe". (p. 109). Reconhece que este castigo faz parte de sua aprendizagem, ao mesmo tempo que lhe fortalece o espírito para os embates da vida.

> Debaixo do sino começa a existir realmente, nessas horas cabem mais pensamentos e emoções que no escorregar dos dias, em tarefas rotineiras. Sofrer apura a vista? Não a vista dos olhos que veem o céu, os estefanotes da latada, as uvas maduras de Madre Superiora, os rostos de freiras e de alunas. Pensa em uma vista oculta, o enxergar da compreensão. (p. 111).

Madre Tereza a chama de "espadachim", graças a sua vocação para a luta. Do episódio do sino ela sai vencedora. Depois das quarenta horas de castigo, Madre São João, causadora do embate, pede-lhe desculpas – "Catarina, me perdoe" – mas ela ainda deseja a impossível reparação: "Que me podem dar? Que milagre farão, capaz de me restituir a menina que eu era?"(p. 123).

Madame Jordão, a presidente das Damas de Caridade e *persona grata* às freiras pelos benefícios prestados ao Educandário, convida Catarina para um passeio de carro pela cidade, que ela desconhece. Quem sabe um teste para adoção? Catarina volta decepcionada do passeio. Em lugar de atenção e carinho, uma postura fria, distante e um pacote de frutas como presente. Diz o narrador: "Com o erguer do véu e o descalçar da luva quanto sofrimento e amargor seriam poupados, às três pessoas que viajavam no carro, naquela tarde de novembro". (p.39). Vitória Jordão é uma personagem importante na trama romanesca. Mulher de muitas posses, casada com um engenheiro mais moço do que ela e sem filhos, pode vir a ser a mãe adotiva, tão sonhada por Catarina. Mas de feitio altivo e distante não preenche a sede de afeto da órfã. Nas férias que passa no Palacete, são inúmeros os presentes que recebe, sem que sua carência de amor seja saciada. Este romance termina com a partida de Catarina do Orfanato para ir morar com

Madame Jordão. Adoção? Ainda é cedo... Diante da novidade, uma grande expectativa: "O mundo, uma casa e uma ternura – tudo vou possuir ainda hoje" – pensa ao vestir-se. "O rosto de Vitória como, sem o véu? E o toque das mãos nuas? Abaixo véus e luvas! Gritava-lhe o coração, um revolucionário." (p. 162).

Madre Tereza, ao se despedir dela, numa referência ao discurso bíblico, valoriza suas qualidades: "Menina, talvez sejas mais rica do que Salomão. Tens uma rosa, uma espada e um sonho". (p. 171). Aqui, a "rosa" é a referência a um conto escrito por Catarina, e significa taça da vida, fonte de alegria; espada dá conta de sua vocação para a luta, dentro dos princípios nobres e sonho tem a ver com seu desejo de ser escritora, como Júlio Verne. Madre Tereza é uma personagem complexa, que foge aos padrões das religiosas do Convento. Seus conselhos contradizem, quase sempre, o modelo exemplar, como aquele que profere na despedida: "Vozes sensatas já lhe avisaram que o mundo é perigoso, negro, cheio de ciladas, vale de lágrimas e de tentações. Acrescento, Catarina, o mundo é belo e merece ser conhecido". (p. 170).

O livro termina exatamente no momento em que se abre a porta do Orfanato e ela recebe a "luz da rua". "Ia de mãos quase livres, ia a andar e pensando: 'Segunda metade do meu nascimento. E levo uma rosa, uma espada e um sonho'.". (p. 171). E *A chave do mundo* começa com o desapontamento que a espera no carro vazio. A ausência de Madame Jordão, em virtude de outros compromissos, tem um efeito demolidor, como revela seu pensamento: "Não veio, ela não veio na hora que não se repete. A primeira saída, sem igual. Todos os números são outros números de continuação, só o primeiro é singular. E neste minuto, ela não me viu o rosto nem descobri em seus olhos tudo o que espero, tudo de que preciso". (p. 8). Esta ausência marca o início de um relacionamento frio, embora repleto de presentes. A temporada no Palacete vai ser solitária, cheia de expectativas que não se realizam.

O sonho de ternura e afeto da protagonista não encontra espaço no orgulho de Vitória. Maurício, o marido mais jovem, é que vai se aproximar de Catarina, convidando-a para a biblioteca, para a praia, para o jardim e vai acabar se apaixonando por ela, que se recusa à entrega total. Presenteada por ele, no Natal, com numa boneca importada, seu pensamento se volta para infância no Orfanato, quando uma boneca preencheria todos os seus sonhos..

Dona Laura é uma personagem importante. Faz parte das Damas de Caridade, grupo liderado por Vitória. Mas se destaca do grupo pela sua autenticidade, pelo amor à natureza e aos filhos, ambos seminaristas. Ela se solidariza com Catarina e a convida para passeios, juntamente com o filho mais novo, Daniel, de férias em casa. Nasce, então, um amor adolescente entre Catarina e o seminarista, portanto, já fadado ao insucesso... Mas são cheios de descobertas aqueles dias de férias, que lhe revelam um mudo desconhecido.

A religião católica, com seus rígidos preceitos, domina o primeiro e o segundo livro da Trilogia. Formada pelas freiras do Orfanato/Educandário, (*O sino e a rosa*) e amando Daniel, o "cordeiro" que ela sonha roubar de Deus (*A chave do mundo*), Catarina mantém-se presa à religião, só rompendo com a Igreja em *O círculo*, o último livro da Trilogia. Contudo, ao final do segundo livro, já se notam sinais de afastamento. Dividida entre o desejo de Mauricio e o amor de Daniel, recusa o domínio da Madre Superiora, mas volta ao Convento nas férias para fugir da presença de Mauricio. Só Madre Tereza a compreende e a apóia neste momento de crise: "Catarina, todos os pecados já foram cometidos, todas as paixões experimentadas". (p. 173). Suas palavras, que não se pautam pelos preceitos religiosos, mas por uma íntima compreensão do mundo, ajudam Catarina a liberar sua sexualidade. Pensa ela, ao final: "Por que não me entrego? Quem sabe se com isto não acendo a terceira luz, a que revela o mundo sem fronteiras, de pura liberdade?"

No início de *O círculo*, encontramos Catarina no topo da escada, velando a filha doente. Este tempo da enunciação retorna sempre prendendo, como uma âncora, as reminiscências ao momento presente. Volta ao passado, quando se encontra encerrada no hospício para onde Vitória a mandou depois de sua atitude violenta ao enfrentar as Damas de Caridade. Chamada para o tradicional almoço de sábado, puxa a toalha, jogando tudo ao chão e desmascara as "beneméritas" senhoras revelando seus podres. Está fora de si, pois durante a noite decidiu se matar ingerindo uma mistura de tudo que encontrou na farmácia. Apela para o suicídio como forma de punição, uma vez que encontrou Vitória chorando por ter sido abandonada por Maurício. Diz ela na carta que escreve a Daniel: "Assim que resolvi matar-me. Primeiro de impulso, logo em seguida deliberadamente. Chamei isto de resgate. A morte pareceu-me morte de outrem, como se eu fosse duas: bem e mal. Eliminava o mal". (p. 25). Maurício é um dos vértices do triângulo amoroso. Homem maduro perdidamente apaixonado pela jovenzinha. Dividida entre o Convento e o Palacete, renegando os dois, vive no claustro para fugir de Mauricio, mas o que deseja é ir ao mundo. "Desde que me entendo, este o resumo de meus desejos. Além da porta do orfanato existe a vida, além". (p. 18). Tudo isso ela conta numa carta que escreve a Daniel, este sim seu verdadeiro amor, desaparecido no tempo e no espaço. É uma carta muito longa, cheia de reflexões, numa linguagem, muitas vezes, cifrada, densa e carregada de sofrimento.

Encerrada no hospício por vontade de Vitória, Catarina se revela ao diretor uma pessoa sem nenhum problema mental. Vive alguns meses esta realidade, trabalhando na escrituração e ajudando no relacionamento com os doentes. De posse de um atestado de sanidade mental, com algum dinheiro no bolso, busca uma pensão e trabalho para refazer sua vida. Contudo, o estigma do hospício vai persegui-la por muito tempo, mas com a frase de Madre Tereza no pensamento – "Tens espada, vais ou não lutar, Catarina?" – ela enfrenta os preconceitos e se impõe. Passa, finalmente, a ter um endereço e uma companheira de quarto, Margarida, sonhadora que deseja transformar o mundo. Catarina rompe com a fé, deixando para trás sua vivência religiosa. "O mundo deu voltas, mora em mim o hospício, não tenho mais quatorze anos, três vezes sete, vinte-e-um", conclui em suas reflexões. Consegue trabalho como recepcionista no consultório dentário de Henrique, homem simples que vai se revelar, no casamento, um excelente companheiro. Casada há oito anos, reencontra Daniel, afastado da vida religiosa, alto funcionário público e ainda solteiro. Como escritora, Catarina mistura realidade e ficção, criando uma personagem, Beatriz, para se reencontrar com Daniel. É a solução para amenizar seu drama existencial: Daniel ou Henrique? Chega a pensar em ficar com os dois: "Posso ir ao encontro e viver no barco? Tantas não fazem?"(p. 173). Mas o desejo de ser "uma circunferência quadrada", sonho de sua infância, prevalece. Ela deixa

Henrique para não mais voltar. Tem encontro marcado com Daniel. Da janela do lotação, ela o vê "como um fantasma" e desiste de erguer o braço para o sinal. "O correr do lotação é escolha". (p. 179). Volta, então, decidida, para os braços de Henrique.

O romance termina com Catarina sendo despertada por Henrique, que traz Augusta no colo toda pintada de sarampo. No final, o narrador projeta o futuro, mãe e filha no processo de aprendizagem, e termina valorizando as experiências adolescentes.

A paráfrase dos três romances foi necessária uma vez que quase ninguém leu essas obras de Alina Paim, escritora que só agora começa a ser resgatada da invisibilidade. O comentário crítico de uma narrativa desconhecida pouco efeito alcança sobre o leitor, que a esta altura, de posse do intrincado enredo, estará pensando num folhetim. De fato, roda dos enjeitados, orfanato, palacete, hospício, pensão e casamento refazem uma trajetória folhetinesca, vivida por Catarina. Contudo, a vivência da protagonista através desses espaços é trabalhada de tal forma que sua subjetividade emerge como dado fundamental. Exemplo significativo é o episódio do castigo sob o sino do orfanato. As quarenta horas passadas de pé embaixo do sino vão fortalecer-lhe o caráter, impedindo-a de se submeter ao poder. O sino, elemento desse espaço, vai ser assimilado a sua subjetividade, como símbolo de firmeza e designa, juntamente com a rosa, fonte de alegria, o primeiro livro da trilogia, *O sino e a rosa*.

O título do segundo livro, *A chave do mundo*, faz referência ao desejo de Catarina de encontrar o caminho para o mundo, longe das injunções do orfanato, do palacete e do hospício. Quando descobre que deve renegar Daniel, fantasma do passado, e ficar ao lado de Henrique, companheiro da sua vida, reconhece que tem agora a chave do mundo: "Forjei esta chave, naquela noite ao pé da torre, prisioneira, malhada de sino, com fagulhas de medo. Chave que abre o mundo. E somente agora te reconheço". (*O círculo*, p. 179). A partir de então se pode falar em Catarina como um **corpo liberado**, pois, quando se tem a chave do mundo, tem-se a liberdade de escolha de abrir a porta desejada. E esta liberdade vem respaldada pelo amadurecimento, pela longa e dura aprendizagem. O último livro da Trilogia, *O círculo*, tem um nome, também, muito sugestivo. Lembra o círculo de giz que se faz em volta do peru para que não fuja e, mais diretamente, se reporta às palavras de Madre Tereza, figura importante no processo de libertação de Catarina. "A paixão da memória é círculo de giz. Quem lhe habita o centro vive com fantasmas, como eles cega, surda, estéril, um gelo. Se queres ser viva, escolhe viver com os vivos". (*O círculo*, p. 137). É o que faz a protagonista ao recusar o "fantasma" de Daniel e assumir o casamento com Henrique. Vencido este duelo e exorcizado o passado, Catarina tem a chave do mundo para realizar seus sonhos, embora sem nenhuma segurança, uma vez que o futuro é imprevisível, como ela já sabe: "Quantas vezes se nasce, quantas se morre no decorrer de uma vida? E a identidade, quantas se possui? A mesma paixão quantas faces? A verdade, quantas verdades? Um homem, quantos caminhos?" (*O círculo*, p.168).

Essas dúvidas existenciais nos remetem ao "líquido mundo moderno" de Zygmunt Bauman. É preciso não perder de vista a condição precária e inconclusa das identidades, que ele chama de "identidades em movimento". A construção das identidades se assemelha à construção de um quebra-cabeça, ao qual faltam sempre peças, ficando portanto incompleto. É tarefa de toda uma vida que exige "a libertação da inércia dos costumes tradicionais, das autoridades imutáveis, das rotinas preestabelecidas e das verdades inquestionáveis". (p. 56).

É o retrato da nossa Catarina, como **corpo liberado**.

O CORPO CALUNIADO

> Daí, pois, como já se disse, exigir a primeira
> leitura paciência, fundada em certeza de que,
> na segunda, muita coisa, ou tudo, se entenderá
> sob luz inteiramente outra.
>
> *Schopenhauer*

A leitura do romance *Infâmia* (2011) de Ana Maria Machado me sugeriu o acréscimo de mais um tipo de corpo à tipologia em questão. Não se trata apenas de mais um tipo de corpo, mas de um tema muito atual trabalhado ficcionalmente de forma magistral.

A estrutura narrativa comporta três partes – "Intrusos", "Intromissão" e "Introito" –, cujos títulos são estranhamente iniciados pela mesma vogal. Os dois primeiros são termos muito próximos e o primeiro está muito ligado ao embaixador Vilhena, personagem de importante significado para a temática da narrativa. Leitor assíduo da boa literatura, no momento se preparando para uma cirurgia de catarata, tem dificuldade de enxergar, problema que circula por todo o romance, uma vez que é preciso enxergar a verdade dos fatos para não ser pego pela mentira. Logo no início, ele, leitor intruso, expõe histórias bíblicas, onde predomina o tema da calúnia, assunto frequente na sua vida. Diz ele: "Atento, fui aprendendo que todo relato tem interpretações. Mais de uma.Nenhuma é a única correta. Mas muitas são apenas falsas, mentirosas. Produtos de fracas mentes. Desonestas. Servem ao mal." (p. 24).

Mas, apesar disso, percebemos como ele, se deixou enganar pelas mentiras sobre a morte de sua filha Cecília. Este é o drama de um dos eixos narrativos:

> Gosto muito de ser intruso assim. Junto a cada um. Com suas razões próprias. Uma

> oportunidade de tentar entender melhor a natureza humana. Sempre gostei.
> Como posso ter me perdido tanto, ao ponto de não ter conseguido fazer isso com minha filha? Só porque não era um personagem feito de palavras?
> Era carne de minha carne e não fui capaz de perceber a verdade do que vivia, entre tantos fiapos de versões e fragmentos de mentiras. (p. 28).

Este eixo narrativo gira em torno da morte da filha do embaixador Vilhena e sua mulher, Ana Amélia, de Mila, a jovem que lê para Manu, e do neto Luis Felipe, do casamento de Cecília e Xavier. São personagens do meio diplomático, pois Xavier também ocupa um lugar importante, representando o Brasil no estrangeiro. O outro eixo dramático se ocupa da família do Custódio, funcionário do almoxarifado de uma repartição e vítima de calúnia. Trata-se de uma família de classe média, formada pelo pai, a mãe Mabel, a avó e dois filhos, Jorjão e Edu. Pessoas simples, honestas, que acabam sofrendo os efeitos das mentiras espalhadas na repartição, onde Custódio descobre grandes falcatruas. Com a intenção de denunciá-las, acaba atingido por muitas mentiras e sendo apontado como culpado. Um AVC o põe fora da história. O filho Jorjão é o elo que liga os dois eixos dramáticos. Sendo fisioterapeuta, cuida do embaixador Vilhena e acaba amigo do neto Luis Felipe.

São muitos os personagens do romance. Além dos citados, há outros secundários que são apenas citados ou têm uma participação menor, consequência dos temas abordados, que envolvem muitas personagens no jogo de mentiras e verdades.

Voltando às três partes da narrativa, a segunda, "Intromissão", foge do percurso narrativo para comentar a intromissão de Guimarães Rosa no livro de contos *Tutameia*. Isso deixa o leitor meio perdido. Mas a autora explica suas razões, com base no exemplo roseano: "Para que diferentes epígrafes não se alinhem no começo do livro, como é de praxe, mas possam arejar uma pausa pelo meio da leitura, como agora." (p. 236), Então, vamos às epígrafes, que são muito reveladoras da necessidade de uma leitura reflexiva:

"A primeira providência do espírito é distinguir o verdadeiro do falso".

(Albert Camus, *O mito de Sísifo*)

"A cada dia que passa, mais as palavras que escuto me impressionam, por serem cada vez menos uma descrição do que as coisas realmente são".

(Philip Roth, *A marca humana*)

"Também os leitores devem assumir a própria responsabilidade".

(Umberto Eco, "Aspas e transparência", em *Siete anni di desiderio*)

A "intromissão" da autora, que compõe a segunda parte da narrativa, chama nossa atenção para a necessidade de distinguir a verdade da mentira. Parece-me não ser apenas um recado para leitores do texto, mas talvez algo mais voltado para a realidade. Muitas vezes é difícil distinguir o verdadeiro do falso, o que exige muita atenção.

A terceira parte, "Introito", prepara o leitor para o desenlace da história. O termo significa entrada, começo, princípio. Na liturgia católica é uma prece cantada ou rezada antes do princípio da missa. Aqui, prepara o leitor para o desfecho da narrativa e invoca o Senhor para que "Ele nos livre dos homens injustos e enganadores."

Nesta terceira parte, o embaixador se submete à cirurgia, recuperando a visão, e se põe a par do que realmente acontecera à sua filha Cecília, tida como morta por um enfarte. Através de outros personagens, Ana Amélia toma conhecimento de todo o sofrimento da filha causado pelo marido, que desejava de fato se livrar dela. Ela comete suicídio, sem encontrar outra saída para as injunções do marido todo poderoso. O ambiente diplomático é descrito como injusto e discriminador, no caso das esposas dos embaixadores.

Como sempre, as mentiras fazem estragos irrecuperáveis nas vidas das pessoas. O embaixador Vilhena não suporta pensar que poderia ter evitado o suicídio da filha se não acreditasse nas mentiras que o genro contava, invalidando Cecília a ponto de interná-la sem que ela estivesse doente. Ela estava longe, sozinha, sem apoio, e viu no suicídio a única saída. O embaixador se arrepende amargamente de não tê-la ajudado. O romance termina com a declaração do embaixador, arrependido de não ter percebido o falso testemunho do genro. "Embora estivesse diante de meus olhos, recusei-me a ver a verdade. Era tão mais simples crer no que me diziam".

O romance *Infâmia* nos mostra dois **corpos caluniados**: Cecília se suicida porque não aguenta as injunções do marido que queria se livrar dela, inventando problemas mentais e internações desnecessárias. Mentiras, calúnias que a levaram acabar com a própria vida. Custódio, o funcionário vítima de falsidades, que não conseguiu provar sua inocência, acaba num hospital. A calúnia é terrível porque, segundo o advogado de Custódio: "limpar totalmente o nome é uma coisa que não acontece. Nunca se limpa". (p.229). Eternamente **corpo caluniado**.

CONSIDERAÇÕES FINAIS

Cabem aqui algumas considerações relativas à pesquisa, origem deste trabalho. Em primeiro lugar, é preciso dizer que a tipologia levantada a partir de leitura de textos de autoria feminina não esgota o assunto. Como também as narrativas agregadas aos onze tipos de corpos poderiam ser acrescidas de outras tantas, ou mais ainda. Enfim, ficaríamos pesquisando até o fim de nossas forças. O resultado apresentado é apenas uma amostra do muito que se pode fazer ainda.

Já foi dito que este projeto partiu de uma tipologia dos corpos, criada pelo sociólogo Arthur Frank, em que ele apresenta quatro tipos: o corpo disciplinado, o corpo refletido, o corpo dominante e o corpo comunicativo. Enquanto os dois primeiros foram, dentro dos limites, aproveitados por nós, os corpos dominantes e comunicativos serviram apenas de ponto de partida para nossa análise. Como o autor trabalha no campo da Sociologia, as categorias nem sempre se ajustam ao texto literário, espaço de outra realidade. Assim, o corpo dominante (*the dominating body*), visto por ele como exclusivo dos homens, apenas serviu de sugestão ao **corpo violento**, representado por nós por Rísia e Maria Moura. Para o autor, o que conta de fato para a construção do corpo dominante é o sentido da falta (*lack*), o que, sem dúvida, encontramos nas personagens citadas: "portanto, quando uma relação diádica com o outro se combina com um fundamental senso de falta, o corpo se dedica à dominação do outro." (trad. livre).[9]

O lema de Maria Moura – "ou é ele, ou sou eu" – se enquadra perfeitamente no comportamento do corpo dominante, pois alguém tem que morrer para que ele viva. Ainda citado Frank: "A relação com os

---

[9] *Thus when a dyadic other-relatedness is combined with a fundamental sense of lack, the body turns to domination of that other* (p. 71)

corpos subordinados a ele é de violência e, em casos extremos, de assassinato". (trad. livre).[10]

O mesmo se pode dizer sobre o **corpo violento**, representado pela personagem Marta, do romance *Inferno* (2000), de Patrícia Melo. Aqui nos permitimos citar o trabalho de Lúcia Osana Zolim, resultado de sua pesquisa de pós-doutorado, "Gênero e representação na ficção de Patrícia Melo: alguns apontamentos", uma vez que ela estudou, com rara sensibilidade, os perfis femininos da obra. O resultado é um magnífico exemplo de **corpo violento**, apesar de feminino:

> A inteligente arquitetura do romance permite que, aos poucos, o/a leitor/a vá se dando conta dos contornos da identidade dessa audaciosa personagem feminina, cujas ações colocam-na no mesmo patamar dos demais profissionais do tráfico que integram a história. Talvez até em um patamar superior, tendo em vista a sutileza das armações que engendra a fim de atingir seu objetivo, qual seja, afastar José Luís do "esquema", por conta dos desafetos instaurados

---

[10] *His relation to the bodies is one of violence and, in extreme cases, of murder* (p. 73)

entre eles a partir do assassinato de Zequinha, e comandar tudo sozinha. Daí providenciar-lhe a prisão, admitindo na comunidade o policial Denílson, disfarçado de gerente de supermercado; daí, também, instigar-lhe a aproximação com Suzana para obter informações; daí, por fim, eliminar Suzana, porque sabia demais.

Investida da posição de líder, ela adota uma postura que em nada deixa a desejar face ao modo masculino de liderar no universo do narcotráfico. Os recursos para minimizar o preconceito de seus pares, relutantes em aceitar "mocinha bonita assim passeando por aí com fuzil israelense" vão desde o novo visual que em muito lembra o deles – "calças militares, tênis, camisetas largas, o cabelo curtíssimo e boné" –, até a adoção do comportamento "empedernido" e "ameaçador" do pai, além das constantes manifestações de poder com vistas a "colocar o sujeito no seu devido lugar", tudo para deixar claro que agora "era a dona do morro", numa espécie de revide que, se para a personagem não é proposital, para o/a leitor/a soa como resposta feminista para quem não tolera "receber ordens de mulher", acostumados que estão a lidar com o outro sexo (ou com o sexo *outro*) apenas em duas situações, como bem lembra nossa heroína, "na cozinha e na cama". (p. 13).

É uma citação longa, mas que dá exatamente a medida do comportamento do **corpo violento**, inserido num espaço violento. Lucia Osana completa o perfil de Marta, dizendo: "A sucessão das ações que vai construindo sua trajetória de líder do tráfico de drogas nos morros do Berimbau e dos Marrecos é marcada pelas mais variadas formas de violência, da mesma maneira que o eram as trajetórias dos líderes que a antecederam (...)." (p. 14). Isso contraria explicitamente a vitimização das mulheres na realidade contemporânea , como lembra Elizabeth Badinter, no livro já citado.

O corpo comunicativo (*the communicative body*), quarta e última categoria da tipologia de Frank, nos levou ao **corpo liberado**, dadas certas características apontadas pelo autor. Para ele, a qualidade essencial do corpo comunicativo é que se trata de um corpo em processo.[11] Isto é, trata-se de

---

[11] *The essencial quality of the communicative body is that it is a body in process of creating i tself.* (p. 79).

um corpo em constante formação, num processo de expressiva recriação do mundo do qual faz parte. O autor aponta a dança como exemplo de uma atividade de corpo comunicativo, espaço de uma realização expressiva e prazerosa, compartilhada com o outro. Mas acha difícil situar socialmente o corpo comunicativo, uma vez que a teoria não dá conta de sua descrição, apenas indica fragmentos.

Ora, nos textos literários, encontramos representações deste corpo, que chamamos **liberado**, típico da pós-modernidade, como muito bem declara Bauman, que recusa uma identidade fixa, investindo na mobilidade identitária, admitindo a ambivalência como parte do processo libertário. Daí a escolha das protagonistas de *Divã* e *A sentinela* como exemplares significativos.

O Curso de Mestrado/ Doutorado, ministrado na Faculdade de Letras/ UFRJ, em 2006, foi rico em pesquisas sobre a representação do corpo nas narrativas de autoria feminina. Formou-se um fórum de discussões, e algumas monografias finais, pela sua excelente qualidade, merecem destaque. É o caso do trabalho sobre o conto "A melhor mulher do mundo", do livro *Laços de família*, produzido por Joana Milli dos Santos da Silva. A autora investiga a representação do corpo feminino no texto de Clarice Lispector, inserindo-a na categoria **corpo liberado**, em virtude de a protagonista viver no primitivo mundo selvagem. O contraste entre o cientista e a Pequena Flor se dá em vários níveis, destacando-se, sobretudo, a oposição entre a natural liberdade da protagonista e o olhar civilizado do explorador francês, mantendo sempre a relação clariceana entre natureza e cultura. Na conclusão, diz Joana Milli:

> Pequena Flor foge à compreensão, tanto da ciência, que toma notas confusamente na ânsia de poder d(en)ominar o que lhe foge das mãos, quanto do senso comum, que atribui a Deus a autoria de tão inadivinhável obra. O discurso dominante não lhe atinge, mas, caso queira, poderá aprender com ela a liberdade.
> Clarice consegue transpor todos os elementos negativamente identificados à mulher e ao corpo feminino para uma nova teia de significações em que assumem significados positivos, em que constituem condição *sine qua non* para se alcançar uma existência autêntica.

> Quanto à classificação, temos uma personagem que vive sem submeter-se ao jogo dos papéis pré-estabelecidos, que é imune à disciplina que modela os corpos, que resiste, que é autônoma, que ama, que está viva. Um corpo livre, símbolo do estágio final, o estágio de graça, que todos devem buscar para seus corpos, homens e mulheres: o **corpo liberado**. (p. 15).

Héllen de Souza Dutra Corrêa, aluna do mesmo curso, trabalhou com um conto de Helena Parente Cunha, "O triângulo mais que perfeito", do livro *Os provisórios*, cuja protagonista é um excelente exemplo de corpo liberado. "A trajetória de aprendizagem do corpo feminino", título de seu trabalho, nos fala sobre três personagens não nomeadas – a mãe/ esposa, protagonista, o pai e a filha; portanto, um modelo familiar representativo do patriarcado, que vai se desintegrar com o adultério paterno. O ponto de vista, apesar de o conto ser narrado em terceira pessoa, é sempre o da mãe, que vai percebendo o gradual afastamento do marido – "ele cada vez mais indo" (p. 5), mas que se sente impotente para retê-lo. Na realidade, tudo gira em torno da sexualidade feminina, pois, como esposa, ela é sexualmente reprimida, não sentindo prazer nas relações com o marido. Diz ela: "Minha carne sempre teve medo de acolher o transbordamento quente do esperma." (p. 6). O sexo como um ato sujo – "eu não podia ficar na cama toda suja daquele jeito, tinha que me lavar" (p. 6) – faz parte do condicionamento sociocultural, que constrói a esposa unicamente para a reprodução. O controle rígido do sexo feminino impede o prazer e castra o orgasmo. Diz Héllen: "Este domínio da sexualidade feminina, desde os fins reprodutores até os eróticos, trouxe imensas consequências e ajudou a escrever a história de um corpo regulado, controlado, vigiado, monitorado, enfim, dominado pelo masculino." (p. 7).

O conto narra o processo de libertação deste corpo reprimido. A esposa, depois de abandonada pelo marido, passado algum tempo, é procurada por ele e se torna sua amante. Antes, ela fingia que tinha prazer – "o esforço que eu fazia para fingir que morria de prazer" (p. 6); depois, como antes, "o bom do esperma dele no meu orgasmo" (p. 8). O discurso poético expressa, de forma criativa, o processo de mutação, ao explorar, fonética e semanticamente, o gerúndio dos verbos "ir" e "vir":

> – ele **indo** embora, ano após ano, aos poucos, cada vez um pouco mais, **indo**, areia escorrendo dos meus dedos, minhas mãos frágeis demais para deterem a queda, eu jantava ou não jantava sozinha, sozinha dormia ou não dormia, ele **indo** cada vez mais de meu desesperada querer reter – (p. 5, grifo nosso).

A passagem do tempo está implícita no gerúndio dos verbos – "ele vindo cada vez mais vindo para mim" (p. 8) –, numa simbiose perfeita entre o tempo que passa e a mudança da personagem, de esposa a amante.

Héllen explica bem a estrutura do conto:

> Apesar de a narrativa iniciar com a protagonista liberta das amarras patriarcais, ou seja, com o seu corpo liberado, o texto é elaborado numa flutuação temporal, que visita diferentes momentos deste casamento, ilustrando não só a queda do modelo de família e a conquista de uma liberdade sexual por parte da protagonista, mas também o processo que desencadeou estas transformações. Percebemos o delinear de um percurso de aprendizagem. (p. 11).

Observando-se as datas das primeiras edições dos textos analisados nesta pesquisa, percebe-se que certos tipos de corpos pertencem a uma época mais remota do que outros, numa clara relação com as práticas sociais. "A experiência do corpo é sempre modificada pela experiência da Cultura", nos diz José Carlos Rodrigues, em seu livro *Tabu do corpo*. Vale a pena citar um trecho da conclusão do autor:

> Ao erigir-se em símbolo da estrutura social, o corpo, simultaneamente Natureza e representante da Cultura, condensa em si esta ambiguidade, e reproduz simbolicamente, e ao mesmo tempo, o que a sociedade deseja e o que a sociedade teme, as forças fastas e as forças nefastas. Paralelamente culturalizado e rebelde ao controle cultural, o corpo é "bom para pensar" a dualidade da estrutura social, exprimindo, no que é corporalmente "puro" e "impuro", respectivamente, o que a sociedade quer ou não quer ser.
> Ao dicotomizar assim o corpo, projetando-lhe a dualidade de estrutura social, a sociedade faz reconhecer nele uma natureza dupla: pura e digna enquanto controlada, e impura e degradante

quando desviante e rebelde. O Homem, então, não pode reconhecer-se integralmente na sua corporalidade, e é obrigado a rejeitá-la e afastá-la como decaída e perigosa. O Homem aprende a detestar em si, metaforicamente, aquilo que em si a sociedade necessita odiar: a expressão latina, que está na origem da palavra "nojo", exprime-o claramente: *in odio habere*. (p. 166, 167).

Esta relação íntima entre corpo e sociedade, uma vez que aquele é "símbolo da estrutura social", explica não só o tratamento diferenciado de certas representações, como também sua presença ou ausência em épocas distintas. Em função disso, tivemos a preocupação de selecionar textos representativos de praticamente cem anos de Literatura Brasileira. Como exemplo, basta lembrar do **corpo invisível**, representado pela personagem Alice, de *A intrusa* (1908). Ela tem seu corpo obliterado em função da alma, bem de acordo com os preceitos católicos tão difundidos na época. Não se pode esquecer que, mesmo assim, ou por isso mesmo, ela conquista o patrão e passa de governanta à dona da casa. Já o

corpo invisível, trabalhado por Marilene Felinto, no conto "Muslim woman", tem um outro tratamento. A protagonista reclama que o marido a vê como um objeto erótico e não como ela quer ser vista, sujeito de sua existência. Mas a personagem árabe, coberta da cabeça aos pés, esta sim com o **corpo invisível**, passa para a protagonista uma tranquilidade e segurança que esta não tem. E, neste confronto de duas culturas que se encontram num aeroporto africano, fica patenteada a crise da protagonista, que tem sua busca de visibilidade momentaneamente apaziguada.

É satisfatório observar que o **corpo liberado** vem surgindo com certa constância em nossa literatura de autoria feminina, o que não acontecia antes. O que representa uma tendência social que permite às mulheres viverem plenamente "sua vocação de ser humano", sua sexualidade, enfim, sua transcendência, como queria Simone de Beauvoir.

UM OLHAR HISTÓRICO PARA O CORPO

Carlos Magno Santos Gomes

O livro *Que corpo é esse? O corpo no imaginário feminino*, de Elódia Xavier, recebe uma merecida segunda edição, incluindo um estudo sobre o corpo na obra de Alina Paim e o acréscimo do décimo primeiro tipo de corpo, o "caluniado", construído a partir de uma obra de Ana Maria Machado. Esses dois estudos vão se somar aos das escritoras Clarice Lispector, Lygia Fagundes Telles, Rachel de Queiroz, Nélida Piñon, Carolina Maria de Jesus, Marina Colasanti, Lya Luft, Fernanda Young, Martha Medeiros, Marilene Felinto, Helena

Parente Cunha, Márcia Denser, Heloísa Seixa e Wanda Fabian.

Elódia Xavier constrói sua tipologia a partir dos diferentes controles impostos pela sociedade patriarcal e consumista, que reproduzem diversas violências simbólicas, indo dos assédios psicológicos sofridos pela esposa e filha ao cárcere privado e os relacionamentos abusivos. Mesmo de forma tangencial, esta obra toca na violência que impulsiona o controle do corpo da mulher e que tem despertado interesse por parte dos/as interessados/as em investigar os questionamentos e deslocamentos de tais imposições.

Sua primeira edição teve duas impressões e foi divulgada em diversos eventos de várias universidades públicas, com destaque para o Seminário Internacional da Mulher na Literatura na Universidade Estadual de Santa Cruz (UESC), em Ilhéus (2007), organizado pelo GT da Mulher na Literatura da APOLL. Desde o primeiro momento, este livro teve ótima recepção no meio acadêmico. Com a divulgação de pesquisadores/as da crítica feminista, logo se formou uma rede de trabalhos que citam e usam a tipologia do corpo de Elódia Xavier para a interpretação de obras de autoria feminina, resultando em diversos artigos, dissertações e teses, que confirmam a relevância e fôlego desta pesquisa até os dias de hoje.

Nos últimos anos, em repetidas apresentações, a procura pelo livro continuava a cada mesa de que Elódia Xavier participava, pois sempre surgia a pergunta: "como encontrar o livro sobre o corpo?", visto que a obra estava esgotada e, com o fechamento da editora Mulheres, a reimpressão tinha ficado mais difícil. Depois da apresentação da autora no Webnário Literatura de Autoria Feminina, promovido pelo NIELM/UFRJ/CNPq, Núcleo Interdisciplinar de Estudos da Mulher na Literatura, em setembro de 2020, tivemos a boa notícia da autorização de uma nova edição e com a surpresa dos dois capítulos inéditos.

Particularmente, a tal longevidade desta tipologia se dá por este ser um livro composto com um olhar sistêmico e historiográfico, que valoriza as peculiaridades estéticas do texto de autoria feminina em seu contexto de produção. Além disso, o olhar atento de Elódia Xavier privilegia o lugar de fala da escritora no processo de desconstrução dos papéis tradicionais, a fim de possibilitar deslocamentos corporais que reinterpretam o estado de opressão vivido por personagens femininas. Com uma metodologia que dá destaque aos movimentos textuais, sua escrita é despojada de mirabolantes argumentos teóricos, deixando a experiência estética de cada escritora seguir seu ritmo na análise proposta. Sua sensibilidade de crítica feminista explora as sutis trilhas dos sentidos do texto sem engessar a análise em conceitos importados.

Apesar do recorte temático, o estudo do corpo feminino em narrativas brasileiras, a investigação de Elódia Xavier não abre mão de depurar os sentidos literários de cada corpo na escala de poder. Tal sensibilidade é fundamental para a construção do panorama do corpo feminino na história de autoria feminina. Partindo do contexto histórico em que a obra literária é lançada, a pesquisadora consegue articular as diversas normatizações que foram impostas à mulher pela dinâmica patriarcal. Esses papéis são próprios de corpos dóceis, aqueles disciplinados para repetirem o ritual de submissão sustentados pelos casamentos tradicionais. Como resultado, esta desmascara as torturas psicológicas, os assédios e as violências no espaço da casa, desnudando o corpo da mulher como um território patriarcal de poder.

Com longa carreira de professora de Literatura Brasileira na Universidade Federal do Rio de Janeiro, a fundamentação teórica de Elódia Xavier, partindo das reflexões de Elizabeth Grosz, que questiona a desvalorização do corpo em prol do culto da mente, considera-o uma construção social com interfaces ideológicas, psíquicas e sociais. Seguindo as trilhas de Pierre Bourdieu, sobre a dominação masculina, de Arthur Frank sobre aspectos sociais e psíquicos do corpo, e de Michel Foucault, sobre a imposição dos corpos dóceis, as conclusões de Elódia Xavier ressaltam que o corpo da mulher é questionado como propriedade do marido ou do pai no texto de autoria feminina.

Por essa perspectiva, podemos dizer que seu estudo parte do duplo controle de vigiar e punir o corpo feminino para o controle da família patriarcal. Sua acuidade no trato nos detalhes estéticos nos deixa pistas de como devemos investigar o texto literário sem sufocar sua polissemia, nem os diferentes contextos de recepção. Por esse paradigma, a metodologia de Elódia Xavier é um legado para a crítica feminista, pois valoriza as particularidades da Literatura Brasileira, sem abrir mão de expor as feridas de uma sociedade conservadora. Priorizando as pistas deixadas no roteiro de cada obra, sua interpretação segue as trilhas narrativas para desvendar os enigmas sociais por trás de cada corpo cerceado de liberdade.

O olhar historiográfico despretensioso dá uma textura especial ao livro, pois à medida que avança pelas análises ao longo do século XX, vai identificando novas estratégias literárias de questionamento da violência doméstica e das imposições da indústria cultural ao corpo da mulher. Contextualizar cada narrativa em seu momento histórico reforça o quanto a sociedade brasileira é castradora e impiedosa com os corpos livres das mulheres. Portanto, *Que corpo é esse?* é um exercício de crítica feminista interessada na produção literária e nos avanços dos direitos da mulher.

Outro aspecto de destaque deste estudo é a forma como Elódia Xavier explora tanto obras de autoras consagradas como de desconhecidas ou das esquecidas pelo cânone. Das escritoras silenciadas pelo cânone, a primeira edição abriu espaço para

Júlia Lopes de Almeida,[12] do início do século XX, que mesmo tendo participado dos debates para a criação da Academia Brasileira de Letras, não teve seu ingresso autorizado. Nesta segunda edição, temos a oportunidade de conhecer a narrativa de Alina Paim,[13] ativista comunista silenciada pela ditadura militar. Com a inclusão de escritoras excluídas do sistema literário brasileiro, esta pesquisadora deixa pistas de como devemos montar uma historiografia literária de autoria feminina, sempre valorizando o resgate de autoras que foram esquecidas ou apagadas das coleções escolares.

Com a proposta de incluir escritoras esquecidas em seus estudos, Elódia Xavier ressalta um

---

[12] Júlia Lopes de Almeida participou das reuniões para a fundação da Academia Brasileira de Letras, mas ficou de fora por ser mulher. Escreveu contos, romances e teatros. Entre seus principais obras estão: *A família Medeiros* (1892), *A viúva Simões* (1897), *Memórias de Marta* (1899), *A falência* (1901), *A intrusa* (1908) e *Correio da roça* (1913).

[13] Alina Paim teve importante participação na vida literária e política do país. Amiga de Graciliano Ramos e Jorge Amado, fez parte de diversas associações de escritores e era filiada ao PCB. Seus romances foram publicados entre 1944 e 1994: *Estrada da liberdade* (1944); *Simão Dias* (1949); *A Sombra do patriarca* (1950); *A hora próxima* (1955); *Sol do meio-dia* (1961); a trilogia de Catarina, composta pelos romances *O sino e a rosa* (1965); *A chave do mundo* (1965) e *O Círculo* (1965); *A correnteza* (1979); e *A sétima vez* (1994).

modelo de resgate que valoriza a literatura como um sistema, pois coloca em tensão representações de diferentes épocas, mas que se aproximam por contextualizarem famílias patriarcais. Com essa técnica, seu livro não só resgata tais artistas, como também amplia a historiografia literária. Sua obra retoma estudos sobre escritoras canônicas de sucesso de crítica e de vendas como Clarice Lispector, Lygia Fagundes Telles, Rachel de Queiroz, Nélida Piñon, Carolina Maria de Jesus, Marina Colasanti, Lya Luft, Fernanda Young, Martha Medeiros, Ana Maria Machado, Marilene Felinto, Helena Parente Cunha, Márcia Denser, e duas escritoras menos conhecidas pela crítica literária: Heloísa Seixas e Wanda Fabian. Neste recorte, interessa-nos as relações que os corpos propostos por Elódia Xavier trazem com a violência estrutural de gênero.

Para esta edição, destacamos o primoroso trabalho de resgate de Alina Paim ao ser inserida na história literária brasileira por Elódia Xavier. Para exemplificar o corpo liberado, temos um estudo detalhado da trilogia de Catarina: *O sino e a rosa*, *A chave do mundo* e *O círculo*. Trata-se de uma personagem que passa por várias etapas de sua vida pessoal, narrada com um estilo intimista em que os pensamentos do narrador se misturam com os de sua protagonista. O estilo introspectivo ganha força pelas "sutilezas semânticas" de Alina Paim, demandando um leitor atento e preocupado com os sentidos do texto. Por tratar-se de um romance de formação, Catarina faz uma escolha pessoal para seguir sua liberdade, ressaltando sua opção por um "corpo liberado".

Temos ainda o acréscimo do décimo primeiro corpo, o "corpo caluniado", que é analisado na obra em *Infâmia* (2011), de Ana Maria Machado. Esse corpo está relacionado à injustiça e à difamação de uma mulher por seu esposo e traz as marcas do assédio moral e psicológico próprios de casamentos abusivos. Elódia Xavier mais uma vez destaca que esse corpo é fruto da violência de gênero. A mulher é difamada e acusada de doente por um marido interesseiro e por um pai ausente que acredita nas calúnias construídas pelo genro. Depois de internada como louca, ela se mata. O corpo caluniado está atrelado aos interesses de um marido que queria se livrar da esposa e aniquilar sua história para viver outros relacionamentos.

Para concluir, cabe destacar mais uma vez a perspectiva historiográfica da tipologia de Elódia

Xavier. Trata-se de uma tipologia que retoma obra de autoras pouco conhecidas para inseri-las na história da Literatura Brasileira. Esse trato da literatura como um sistema é fundamental para entendermos a dinâmica do corpo da mulher no espaço da família. Dos estudos realizados, os corpos mais citados são o disciplinado e o liberado, pois estão diretamente relacionados à luta das mulheres por seus direitos pelo século XX. Tal perspectiva ratifica o quanto a análise literária e a crítica feminista se confundem no trabalho de Elódia Xavier, direcionado para identificar novos corpos femininos fora das fronteiras do patriarcado.

REFERÊNCIAS

ALMEIDA, Julia Lopes de. *A intrusa*. Rio de Janeiro: Fundação Biblioteca Nacional, Dep. Nacional do Livro, 1994.

ASSIS, Joaquim Maria Machado de. *Memórias póstumas de Brás Cubas*. 2. ed. Rio de Janeiro: Civilização Brasileira; Brasília: INL, 1977.

BADINTER, Elizabeth. *Rumo equivocado*: o feminismo e alguns destinos. Trad. Vera Ribeiro. Rio de Janeiro: Civilização Brasileira, 2005.

BATAILLE, Georges. *O erotismo*. Trad. Claudia Fares. São Paulo: Arx, 2004.

BAUMAN, Zygmunt. *Identidade*: entrevista a Benedetto Vecchi. Trad. Carlos Alberto Medeiros. Rio de Janeiro: Zahar, 2005.

BEAUVOIR, Simone de. *A velhice*. 3. ed. Trad. Maria Helena Franco Martins. Rio de Janeiro: Nova Fronteira, 1990.

_____.*O segundo sexo*. Trad. Sergio Milliet. Rio de Janeiro: Nova Fronteira, 1980. 2 v.

BOSI, Ecléa. *Memória e sociedade*: lembrança de velhos. 2. ed. São Paulo: USP, 1987.

BOURDIEU, Pierre. *A dominação masculina*. Trad. Maria Helena Kühner. Rio de Janeiro: Bertrand Brasil, 1999.

CAMPUZANO, Luiza. Testimonios de mujeres subalternas latinoamericanas: Jerusa, Domitila y Rigoberta. In. REIS, Livia de Freitas; VIANNA, Lucia Helena (orgs.). *Mulher e Literatura*. Niterói: EdUFF, 1999.

CASTANHEIRA, Claudia. *Roteiros do abismo interior* – a temática do desencontro em Lygia Fagundes Telles. Dissertação de Mestrado. Programa de Pós-Graduação em Letras Vernáculas. Faculdade de Letras/ UFRJ, 1996.

COLASANTI, Marina. *O leopardo é um animal delicado*. Rio de Janeiro: Rocco, 1998.

CORRÊA, Héllen de Souza Dutra. "A trajetória de aprendizagem de um corpo feminino". Monografia do curso de Mestrado. Programa de Pós-Graduação em Letras Vernáculas. Faculdade de Letras/ UFRJ, 2006.

CUNHA, Helena Parente. *Os provisórios*. Rio de Janeiro: Antares; Brasília: INL, 1980.

DALCASTAGNÉ, Regina. *Entre fronteiras e cercado de armadilhas*: problemas da representação na narrativa brasileira contemporânea. Brasília: UnB; Brasília: Finatec; Brasília: Editora UnV, 2005.

DANTAS, Audálio. "Nossa irmã Carolina". In. JESUS, Carolina Maria de. *Quarto de despejo*: diário de uma favelada. Rio de Janeiro: Francisco Alves, 1960.

DENSER, Márcia. *Diana caçadora*. São Paulo: Global, 1986.

_____. *Tango fantasma*. São Paulo: Alfa-Omega, 1976.

s *Dicionário de teologia feminista*. Trad. Carlos Almeida Pereira. Petrópolis: Vozes, 1997.

FABIAN, Wanda. *As mil e uma grades*. Rio de Janeiro: Mondrian, 2003.

FELINTO, Marilene. *As mulheres de Tijucopapo*. 2. ed. Rio de Janeiro: Ed. 34, 1992.

_____. *Postcard*. São Paulo: Iluminuras, 1991.

FRANK, Arthur W. For a sociology of the body: an analytical review. In, FEATHERSTONE, Mike et alii (eds.). *The body*. Social Process and Cultural Theory. London: Sage Publication, 1996.

FERNANDES, Evelyn Blaut. *Da arte de se fazer pequena*. Monografia do Curso de Mestrado. Programa de Pós-Graduação em Letras Vernáculas. Faculdade de Letras/ UFRJ, 2006.

FOUCAULT, Michel. *Vigiar e punir*. Trad. Raquel Ramalhete. Petrópolis: Vozes, 1987.

GROSZ, Elizabeth. *Corpos reconfigurados*. In. Cadernos Pagu. Campinas: UNICAMP, 2000. n. 14.

JARDIM, Rachel. "A viagem de trem. In. VIANNA, Lúcia Helena; GUIDIN, Márcia Ligia (orgs.). *Contos de escritoras brasileiras*. São Paulo: Martins Fontes, 2003.

JESUS, Carolina Maria de. *Quarto de despejo*: diário de uma favelada. Rio de Janeiro: Francisco Alves, 1960.

_____. *Antologia pessoal* Org. José Carlos Sebe Bom Meihy. Rio de Janeiro: Ed. UFRJ, 1996.

LASH, Cristopher. *A cultura do narcisismo*. Trad. Ernani Pavanelli. Rio de Janeiro: Imago, 1983.

LE BRETON, André. *Adeus ao corpo*. Antropologia e sociedade. Trad. Marina Appenzeller. Campinas: Papirus, 2003.

LIPOVETSKY, Gilles. *Os tempos hipermodernos*. São Paulo: Editora Barcelona, 2004.

LISPECTOR, Clarice. *A hora da estrela*. 2. ed. Rio de Janeiro: José Olympio, 1979.

_____. *Laços de família*. Rio de Janeiro: Francisco Alves, 1960.

_____. *A via crúcis do corpo*. Rio de Janeiro: Artenova, 1974.

LOURO, Guacira Lopes. *Gênero, sexualidade e educação*. Uma perspectiva pós-estruturalista. Petrópolis: Vozes, 2001.

LUFT, Lya. *A sentinela*. São Paulo: Siciliano, 1994.

MACHADO, Ana Maria. *Infâmia*. Rio de Janeiro: Objetiva, 2011.

MAINGUENEAU, Dominique. *Pragmática para o discurso literário*. Trad. Maria Appenzeller. São Paulo: Martins Fontes, 1996.

MEDEIROS, Martha. *Divã*. Rio de Janeiro: Objetiva, 2002.

MENDONÇA, Ricardo. O paradoxo da miséria. Revista Veja. Abril, ano 35, n. 3, 2002.

PAIM, Alina. *A chave do mundo*. Rio de Janeiro: Lidador, 1965

_____. *O círculo*. Rio de Janeiro: Lidador, 1965.

_____. *O sino e a rosa*. Rio de Janeiro: Lidador, 1965.

PAZ, Otávio. *A dupla chama* - amor e erotismo. 2. ed. Trad. Wladyr Dupont. São Paulo: Siciliano, 1994.

PIÑON, Nélida. *O calor das coisas*. Rio de Janeiro: Nova Fronteira, 1980.

QUEIROZ, Rachel de. *Memorial de Maria Moura*. São Paulo: Siciliano, 1992.

RODRIGUES, José Carlos. *Tabu do corpo*. 3. ed. Rio de Janeiro: Achiamé, 1983.

RONSARD, Pierre. *Poésies choisies*. Paris: Payot, 1924.

SCHIMIDT, Rita Terezinha. Quando pensar o feminino não é falar como (uma) mulher. In. *Anais do I Seminário Alagoano Mulher e Literatura*. Maceió: UFAL/ FAPEAL, 1995.

_____. Recortes de uma História: a construção de um fazer/ saber. In. RAMALHO, Christina. *Literatura e feminismo*. Propostas teóricas e reflexões críticas. Rio de Janeiro: ELO, 1999.

SEIXAS, Heloísa. *Através do vidro*: amor e desejo. Rio de Janeiro: Record, 2001.

SILVA, Joana Milli dos Santos da. O corpo liberado no conto "A menor mulher do mundo", de Clarice Lispector. Monografia do Curso de Mestrado. Programa de Pós-Graduação em Letras Vernáculas. Faculdade de Letras/ UFRJ, 2006.

SOARES, Angélica. *A paixão emancipatória*. Rio de Janeiro: DIFFEL, 1999.

SOIHET, Rachel; MATOS, Maria Isilda S. de (orgs.). *O corpo feminino em debate*. São Paulo: UNESP, 2003.

SPIVACK, Gayatri. "Can the subaltern speak?". In. NELSON, Cary; GROSSBERG, Layrence (ed.). Marxist Interpretation of Culture. Basingstoke, 1988.

_____. Quem reivindica alteridade?. n. HOLLANDA, Heloisa Buarque de (org.). *Tendências e impasses*. O feminismo como crítica da cultura. Rio de Janeiro: Rocco, 1994.

TELLES, Lygia Fagundes. A confissão de Leontina. In. *Os melhores contos*. Seleção Eduardo Portella. 2. ed. São Paulo: Global, 1984.

_____. *As cerejas*. São Paulo: Atual, 1992.

_____. *As horas nuas*. Rio de Janeiro: Nova Fronteira, 1980.

_____. *As meninas*. 16. ed. Rio de Janeiro: Nova Fronteira, 1985.

XAVIER, Elódia. *Declínio do patriarcado*: a família no imaginário feminino. Rio de Janeiro: Record/ Rosa dos Tempos, 1998.

WELS, Erica Schlude. A sombra das vossas asas: o corpo como rascunho. Texto da Pesquisa de Doutorado. Programa de Pós-Graduação em Letras Vernáculas. Faculdade de Letras/ UFRJ, 2005.

WOLF, Naomi. *O mito da beleza*. Como as imagens da beleza são usadas contra as mulheres. Trad. Waldéa Barcellos. Rio de Janeiro: Rocco, 1992.

YOUNG, Fernanda. *A sombra das vossas asas*. Rio de Janeiro: Objetiva, 1987.

ZOLIM, Lúcia Osana. Gênero e representação na ficção de Patrícia Melo: alguns apontamentos. Pesquisa de Pós-doc. Programa de Pós-Graduação em Letras Vernáculas. Faculdade de Letras/ UFRJ, 2006

O

Este livro foi composto
em papel offset 75 g/m2
e impresso em março de 2021

Que este livro dure até antes do fim do mundo